プラハの
シュタイナー学校

増田幸弘

白水社

プラハのシュタイナー学校

[装幀]——今東淳雄 *maro design*

はじめに

緩やかな丘陵に続く道を、バスは速度を上げながら走っていく。車窓には見渡す限りの大地が広がる。いくつかの丘陵が重なり合った彼方に、城の影が見えてきた。城にそびえ立つ大聖堂の高い尖塔の描きだした特徴的なかたちが、遠くからでもはっきり見て取れる。ほどなくすると、蕩々とした流れが目にまばゆい川沿いの道に出る。ドイツ名であるモルダウといったほうが、ヴルタヴァというより、日本ではなじみ深いかもしれない。

それはぼくら家族がプラハでの生活をはじめてからというもの、子どもたちが毎日、学校に通うバスの窓から見る街の風景だった。ヨーロッパのほぼ真ん中にある小さな国、チェコの都プラハ。中世からの街並みがいまに息づく美しい古都だ。そんなプラハにぼくら家族は二〇〇六年から暮らしはじめた。とはいっても、会社で転勤になったわけではない。思春期を迎えた子どもたちの教育環境を変え、ばらばらになりかけた家族を再生する舞台として、この街をあえて選び、移り住んだのだった。

ヒラクとツドイの二人の子どもが通うことになったのはヴァルドルフ学校。日本ではシュタイナー学校として知られる、ちょっと変わった学校だ。一学年の生徒数が二〇人ほどの小さな学校で、木のぬくもりにあふれた教室では澄んだ目を輝かせる子どもたちがのびのびと学んでいた。陽だまりのように温かな学校だった。

「ツドイ、ここにカエルと日本語で書いてください」

生物の授業で、先生は紙にカエルの絵を描いてツドイに渡した。大きな字で「かえる」とひらがなで書くと、それを見ていたクラスメイトのあいだからは歓声が上がった。はじめて間近で見る日本語だった。授業が終わると先生は扉のところに立ち、生徒一人ひとりと握手をしながら、さよならの挨拶をした。

「ヒラク！　おれに柔道の技をかけてみてくれ」

ソコロヴナーと呼ばれる地域の体育館で授業をしたとき、クラスメイトは畳を並べ、柔道の構えをして見せた。それを見たクラスメイトたちがおれもおれもと集まってくる。日本人だから柔道や空手が得意だと思ったらしい。

シュタイナー学校のクラスメイトたちはみんな実に個性的で、その個性を隠そうとはしなかった。自由な雰囲気のなかで、一人ひとりがたしかな自分というものを主張していた。それでいてぶつかり合うことはなく、互いを認め合うことで、うまく結びついていた。兄弟姉妹のように、とても仲のよいクラスなのである。

二人のいちばんの個性は日本人であることだった。そのことにみんなが興味を示し、おもしろがった。携帯電話で話す言葉に耳を傾け、「モシモシ」とはやしたてた。日本語をタトゥーのようにクラスメイトの手や腕に書くと、大喜びではしゃいだ。高学年になると、日本の映画や音楽にも興味を示すようになった。

日本を離れ、プラハのシュタイナー学校に通うようになってからというもの、二人はこれまで見せたことがない生き生きとした表情を浮かべるようになった。なんだか魔法にかけられているみたいな感じだった。

シュタイナー学校とは、いったいどういうところなのだろう。すべては未知で、半信半疑だった。授業では教科書を使わず、エポックと呼ばれる二時間の集中授業で一日がはじまるなど、普通の学校とはちがう点がたくさんある。オイリュトミーという踊りの授業もある。教科書を使わずにどのようにして授業をするのか、学校に通いはじめるまで、想像さえつかなかった。

「サハラ砂漠では、トゥアレグ族の率いるヒトコブラクダの隊商と出会えます。ラクダは砂漠の船とも呼ばれています」

英語の授業で先生はサハラ砂漠をテーマに選んだ。先生が自分で書いた英語のテキストに、ツドイは色鉛筆で描いた砂漠の絵を添えた。ヤシの木が葉陰を落とすオアシスがワンポイントとなったこの絵は、テキストを読んでツドイが思い浮かべたイメージだった。教科書を使わないシュタイナー学校の授業では、このノートが教科書になる。生徒一人ひとりが教科書を自分でつくっていくのだ。

たしかにシュタイナー学校の授業は独特だった。ひとつのことをぐんぐん深め、地に根を張るように広めていく。英語でサハラ砂漠を取り上げたのも、すでにエポックで学んだ地理や生物の授業内容とうまく関係づけ、理解をより深めるためだった。日本では普通の公立校に通っていたヒラクとツドイだったが、シュタイナー学校のなんとも変則的な教育法に、とくに違和感を覚えることもなく、受け入れていた。それもこの教育法が理にかなったものだからなのだろう。

チェコ語という言葉の習得にあがきながら、ヒラクとツドイは少しずつ変わっていった。日本では宿題もせず、よく忘れ物をして先生から叱られたものだったが、シュタイナー学校で学ぶようになってからというもの、家に帰ると真っ先に勉強するようになった。あれほど多かった忘れ物も、ぴたりとしなくなった。なんでも自発的にするようになったのである。

学校に通う二人の姿を見ながら、親としてもいろいろなことを考え、また考えさせられた。よい点もあった。これはどうかと思う点もあった。はじめのうちは、教科書を使わないことやエポックという集中授業など、日本で通っていた学校とのちがいに目がいった。そこにシュタイナー教育らしさがあると思ったからである。しかし、そのうちそうは思わなくなっていた。それがシュタイナー教育の本質というわけではないからだ。教科書を使わない授業を受けることで、子どもたちは日本の教科書がとてもよくできていることにも気がついた。

この本はぼくらの二人の子どもがプラハにあるシュタイナー学校で学んだ日々の記録である。楽しいこともあったし、苦しいこともあった。悲しいこともあった。それでもシュタイナー学校の日々を振り返るたびに、心がほっこり温かくなるのを感じるのである。

プラハのシュタイナー学校＊目次

第3章 生徒が主体的にかかわる授業 83

第4章 チェコ語にもがき苦しむ 121

Rád bych moc poděkoval ředitelce a řediteli základní waldorfské školy v Praze, paní Haně Strakové a panu Pavlovi Selešimu, třídním učitelkám, paní Běle Havlíkové, paní Magdaleně Geryšerové a paní Janě Petrů. Jejich žáci Hiraku a Tsudoi jsou jim vděční za spoustu krásných vzpomínek. Také bych rád poděkoval jejich kamarádům, kteří nám všem pomáhali se životem v Praze a v neposlední řadě i rodičům a sourozencům, kteří na nás mysleli.

プラハのヴァルドルフ学校の学校長ハナ・ストラコヴァー先生とパベル・セレシ先生、ヒラクの担任ビエラ・ハヴリーコヴァー先生、ツドイの担任マグダレーナ・ゲリシェロヴァー先生とヤナ・ペトルー先生に深く感謝いたします。先生方に学んだヒラクとツドイは、たくさんの思い出とともに、実り多き日々を過ごしました。私たちのプラハでの生活を支えてくれた多くの友人たち、そして心配をかけた日本の親兄弟のみんなに感謝を捧げます。

第1章

教科書もテストもない学校

❖親子で顔を引きつらせ初登校

それは穏やかな春の日のことだった。

ぼくは妻と二人の子どもを連れ、学校へと続く道を歩いていた。ようやく仮入学の許可が下り、はじめての登校日を迎えたのである。子どもたちはうまくやっていけるのだろうか。不安な気持ちでいっぱいだった。それは妻も子どもたちも同じだったにちがいない。そのときの家族の顔は、ずいぶんと引きつっていたはずだ。

「こんにちは」

学校に近づくと、すれ違う人ごと、たどたどしい日本語でそう挨拶してきた。プラハの街角でチェコの人から日本語で挨拶されるなんて、ずいぶん不思議な感じがした。学校の先生や生徒であることは、すぐにわかった。みんなにこやかな笑顔を浮かべている。息子のヒラクと娘のツドイの二人を受け入れるため、学校全体で日本語の挨拶を勉強したのだろうと察したとき、それまで張りつめていた気持ちが、すうっとときほぐれていった。

二〇〇六年五月から、ヒラクとツドイはチェコ共和国の首都プラハにあるヴァルドルフ学校に通いはじめた。日本ではシュタイナー学校といったほうがなじみがあるかもしれない。プラハに移り住むにあたり、チェコ人の知り合いから勧められたのが、この学校を選ぶきっかけとなった。それまでとりたててシュタイナー教育に関心があるわけではなかった。名前を知ってはいたが、どちらかといえばネガティブなイメージを持っていた。なんだか怪しげで、宗教がかった教育——それはシュタイナー教育に対するごく一般的なイメージだろう。しかし、勧められたこともあってあれこれ調べていくうちに、シュタイナー学校はぼくらの子どもたちにはうってつけなのではないかと感じるようになった。

学校ではハナ校長先生がぼくらの来るのを待っていた。女性の先生で、毅然とした雰囲気があった。彼女はぼくらのことを温かく出迎え、「学校はどんな印象か」「授業を楽しみにしているか」と、しっかり子どもたちの目を見ながら、気さくに話しかけてきた。その校長先生に連れられ、ヒラクは妻と一緒に七年生の教室へ向かった。日本で中学二年生になったばかりのヒラクだが、チェコの学校では中学一年にあたる七年生になった。新学期が九月にはじまるからである。教室に入り、先生がヒラクを紹介すると、クラスメイト一人ひとりが握手をしながら自己紹介した。そのときのヒラクは、照れ隠しか、強がりか、ポケットに手を突っ込んだり、あくびをしたりして、無関心を装っていたそうだ。

ツドイの教室には、ぼくと英語のマレク先生が一緒に行った。日本では小学校六年生になるが、言葉のわからない授業についていけるように一学年落としたので、チェコの学校では四年生に逆戻りした。ツドイはみんなの前に立ち、短いながらもチェコ語で自己紹介をはじめた。前の日、一晩かけて覚えたものだ。堂々としたものだった。はじめて会う担任のマグダレーナ先生はやさしそうな人で、ツドイはホッとしたようだ。教室に残ってフォローするつもりでいたが、これなら大丈夫だろうとマレク先生に目配せし、教室をあとにした。

❖小中一貫制の小さな学校

四年生の教室には、木の机と椅子がきれいに順序よく並んでいた。陽の光が大きな窓ガラスから射し込む、ずいぶんと明るい教室だ。まるで陽だまりである。ヨーロッパの建物らしく天井が高いことも、教室に開放的な印象を与えた。

「わたし、ドミニカ。ドンチャって呼んでね」

ツドイは隣の席の女の子に声をかけられた。ドミニカはクラスでいちばんの優等生だった。クールでボーイッシュなクラスのまとめ役でもある。なんでもよくできる生徒が不慣れな転校生の面倒を見るのは、世界共通なのだろう。

ツドイは学校の初日から、努めてクラスに溶け込もうとしていた。クラスメイトもそんなツドイを受け入れようとした。名前を日本語で書くことが、ヤポンカ（日本の女の子）が人気者になる最初のきっかけとなった。腕や首、背中にマジックで書いてと頼む子もいた。タトゥーのつもりのようだが、これまで見たこともない日本語に、みんな大喜びだった。言葉のハンディなど感じさせなかった。じゃれ合い、追いかけあって遊び、まるで言葉が通じているようだ。しかし、実際には先生が話していることも、クラスメイトが話していることも、まったくなにもわかっていない。たぶんこう言っているのだろうと想像するしかなかった。そんなツドイに、ドミニカはそっと手を差し伸べた。

ツドイのクラスメイトは合わせて二三人。日本の半分である。しかも一学年一クラスしかない。一年生から九年生まで、学校全体の生徒数はおよそ二〇〇人前後の勘定になる。日本の学校では一学年に相当する程度の生徒数が、全校の生徒数とほぼ同じという、とても小さな学校だ。この九年間の一貫制は、シュタイナー学校だから特別というわけではない。ほかの学校にも共通する、チェコの基本的な学校制度である。勉強のできる生徒は、六年生からギムナジウムと呼ばれる中高一貫の進学校に

陽だまりのようなシュタイナー学校の教室

進むことがある。ドミニカも六年生になるとき、ギムナジウムへと転校していった。

プラハのシュタイナー学校でユニークなのは、この学校が公立校であるという点だろう。世界各地にあるシュタイナー学校の多くは私立学校であり、そのなかにあって例外的な存在だ。開校にあたって、だれもが学べるシュタイナー学校にしたいとの大きな理想を掲げたことから公立校になった。チェコでも日本と同じような総合的なカリキュラムを組む普通校が中心だが、英語に重点をおいた学校や、美術に重点をおいた学校なども小学校からある。普通の学校でも語学に力を入れるなど、それぞれの学校の考えで独自の特色を出すこともできる。

こうした学校のありようは、チェコの学校制度が子どもの個性や才能をとても大切にしているという、ひとつのよい例かもしれない。こうした個人の自由を認めることを基本とした教育システムは、かつてこの国を支配していた共産主義のもと、長らく人びとの自由が抑圧されていた時代の反動といえるだろう。自由はいまのチェコらしさでもある。一九八九年のビロード革命によって共産体制が崩壊して以来、チェコの人びとは自由な社会づくりをめざしてきた。プラハのシュタイナー学校が開校したのも、ちょうどそのころのことだ。新しい時代に向けての象徴的な学校だったのである。

❖子どもたちの反応

ハナ校長先生に登校一日目の感想を尋ねられたとき、ヒラクは「クラスメイトがいい人たちそうなので、うまくやっていけると思う」と答えていた。先生の言うこともクラスメイトの言うこともなにひとつ理解できない教室にいることは、とても不安で、孤独だったにちがいない。そうした環境のなかにいて、この「いい人たちそうだ」という感覚だけがヒラクにとって頼りだったのだろう。ぼく自身、父母会に出席するたびに、子どもたちが授業を受けている様子を想像し、いたたまれない気持ちになったものだ。なにもわからない授業を受けるのは苦痛でしかないだろう。父母会はヒラクとツドイが学んでいるそれぞれの教室で開かれるものだから、想像は現実味を増した。

ヒラクのクラスメイトたちは日本のことについてなにかと興味を持ち、好奇心旺盛に質問してきた。ゲームや音楽のこと、パソコンやデジカメのこと、東京のことなど、話題は多岐にわたった。そのたびにヒラクはなんとか答えようとし、写真を見せたり、日本で流行っている音楽を聴かせたり、日本映画のＤＶＤを貸したりしていた。チェコ語がまったくできない日本人がクラスメイトになると先生から聞いたとき、みんなでなんとか手助けをしようということになったのだそうだ。できるだけ話しかけるなど、とにかくいろいろなことをして、一日も早くクラスに溶け込めるように、と決めたのだという。日本に対して差別的な感情がとくになく、逆に強い関心を持っていることが後押しをした。そのせいか、ヒラクがたどたどしく説明しようとしても、みんな根気よく耳を傾けた。

ヒラクは幼いときから人と遊ぶのをなによりも好んだ。幼稚園に入る前までは遊び相手欲しさに、知らない子でも「お友だち！」と叫びながら追いかけていた。小学生の高学年から中学生にかけて野球に熱中したのも、友だちと遊ぶことの延長だった。どちらかといえば自分が輪の中心になることを望む傾向にあり、日本ではクラスのムードメーカーといわれながらも、友だちのあいだではしばしば浮いていたようだ。その点、シュタイナー学校ではヒラクの心はバランスよく満たされていた。しかし、どうしたわけか、ヒラクは「いい人そうだ」と口では言いながらも、はじめのうちは担任のビエラ先生やクラスメイトになかなか溶け込めないでいた。アカデミーと呼ばれる学芸会が開かれたのはそんな日々が続いていたときのことである。このアカデミーとは全学年が参加する学年末のまとめの会のことで、楽器の演奏や演劇などの出し物をする。七年生は演劇だった。学校に通いはじめてまだ間もなく、チェコ語もできないので、当然ヒラクは客席で見学しているのだろうと思っていた。どこでなにをしているのだろうとあたりを見回していると、黒ずくめの衣装を身にまとうヒラクが、クラスメイトと一緒になって舞台の上に現れた。舞台に立つなんて幼稚園のとき以来だろうが、照れずに演じていた。さすがに台詞はなかったが、「いい人たち」に囲まれ、これまでになく幸せそうに見えた。

そんなヒラクは「ラッキーだった」と、ヒラクの大の親友になるクラスメイトのヤーヒムは言う。

転校生が新しく来るからといって、いままでこんなふうにしたことはなかったのである。ヤーヒム自身も五年生のとき、普通の学校からシュタイナー学校に転校してきた。しかし、なかなかクラスメイトの輪に入ることはできなかった。「新しく来た人のことなんて、だれも、なにも考えなかったんです。『あ、いるな』くらいのものでした」とヤーヒムは振り返る。

❖五感を育む教育

学校をはじめて訪れたとき、ツドイは何度も「カワイイ」と口にした。妻も同じ感想を抱いた。たしかにこぢんまりとしたこの学校には、カワイイという言葉がぴったりだった。高い天井、明るい教室、淡い色で塗られた壁、壁に貼られた色とりどりの蜜蠟クレヨンで描かれた生徒の絵。学校全体が温かな雰囲気に満ちていた。

学校の校舎は二カ所に分かれている。一つは一年生から五年生の小等部、もう一つは六年生から九年生の中等部である。中等部は小等部から歩いて五分くらいのところにある、丘の上に建っている。周囲は見渡す限りの麦畑だ。歴史を感じさせる古い建物を利用した小等部は、木のぬくもりにあふれ、やさしい印象がある。教室の椅子に座っていると、大人のぼくでさえ、なにかに包まれているような安心感を抱く。給食室とオイリュトミー教室はこの小等部にあり、中等部に進んでも子どもたちは毎日のように足を運ぶ。

対して中等部はもともとコルホーズ（社会主義時代の集団農場）の事務所だったとおぼしき、無機的な建物を利用している。コンクリート打ちっ放しの平屋建て。外から見る限り、お世辞にもカワイイ

小等部の校舎。裏手に木立の生い茂るちょっとした校庭がある

とはいえない。寒々しく、怖いぐらいだ。それでも中に入れば小等部と同じようなぬくもりを感じる。しかし、雰囲気はもっと自由で、開放的だ。教室によって壁の色がちがい、いちばん上の九年生の教室には映画やロックバンド、セミヌードのポスターが貼ってある。本格的な卓球台を備えつけている教室があるかと思えば、お茶を淹れるコーナーを備えた教室がある。

小等部と中等部の印象のちがいは、日本の小学校と中学校のちがいとよく似たものだ。チェコの学校制度は小中一貫制だが、プラハのシュタイナー学校では校舎が別なところにあることをうまく利用し、小等部と中等部のあいだに明確な線引きをしているのである。これは成長に合わせた教育のありようを基本とするシュタイナー教育の考えを反映したものだ。その考えとは、人間の成長を七年周期でとらえたうえ、年齢に応じた教育をすべきであるとするものである。第一期は〇〜七歳で、人間にとって意志の成長が育まれる時期とされる。同様に第二期（七～十四歳）は感情の成長、第三期（十四～二十一歳）は思考の成長の時期にあたる。

この周期は自分の五感で物事をとらえ、考えられるようになるまでの過程でもある。プラハのシュタイナー学校では、小等部の五年間は第二期に、そして中等部の四年間は第二期のまとめと第三期への移行期にあたるわけだ。さらに卒業後、シュタイナー学校の高等部を受験して進学すれば、さらに四年間、シュタイナー教育を続けることになる。

シュタイナー学校と一口にいっても、その理念を厳密に踏襲している学校もあれば、自由にとらえている学校もあるように見受けられる。プラハのシュタイナー学校が属しているのは後者のタイプだ。公立学校という枠組みのなかでシュタイナー教育を行なっているため、それも無理からぬことだろう。見る人から見れば、もしかすると「こんな学校、シュタイナー学校ではない」との批判を受けるかもしれない。しかし、普通の学校で学んできたぼくや妻にとっては、これくらいのさじ加減がちょうどよいのではないかと感じた。

❖家庭のような学校

授業のはじまりは八時三〇分。チャイムは授業がはじまるときにも、終わるときにも鳴らない。学校にはチャイムそのものがないのだ。その代わり、先生が教室の扉を開けるのが、一日のはじまりの合図となる。それまで生徒は廊下で待っているのが約束だ。

「ドブリー・デン（こんにちは）」

6年生のときのツドイ（前列左端）のクラス写真。2列目左から4人目が担任のヤナ先生

扉のところに立つ四年生の担任マグダレーナ先生は、生徒一人ひとりと握手し、挨拶を交わしながら、教室のなかへと招き入れている。風邪をひいて休んでいた生徒には、具合を尋ねながら、ぎゅっと抱きしめている。それが毎日、繰り返される。心と心が通い合ったとても温かな挨拶だ。こうした握手や抱擁によるスキンシップはヨーロッパでは当たり前の挨拶だろうが、日本にはまずないものだ。

朝、登校しても、教室には鍵がかかっていて、なかに入ることはできない。教室にはまず先生が入り、生徒を迎える準備をするのである。日本の学校のように生徒がいる教室に先生が授業のために行くのではなく、先生のいる教室に生徒が授業を受けに行くわけだ。そこに生じる意識の差は思ったよりも大きいように感じる。教室が先生の居場所なので、職員室はない。

先生が扉を開けるまで、子どもたちは廊下にある木のベンチに腰掛け、おしゃべりをして過ごす。ツドイはクラスメイトのユリエやミリアンとじゃれ合っている。いったいなにがそんなに楽しいのだろうと思えるくらい、満面の笑みを浮かべている。ガキ大将のボイタやロマンはふざけ回り、通りかかったほかのクラスの先生に叱られている。クールなドンチャは一人、器用にディアボロで遊びながら、そんなクラスメイトたちを見渡している。

学校全体に漂う、こうした穏やかで、和やかな雰囲気は、これまでどの学校でも感じたことのない類のものだった。なんともゆったりとした時間が流れていく。学校の雰囲気がいい意味で家庭的なのだ。担任の先生は親と同じように生徒と接し、またクラスメイトには兄弟姉妹のように密な関係がある。学校で教える教師の子どもが生徒として学んでいるケースも少なくない。

シュタイナー学校では一年生から九年生まで、担任の先生が基本的には替わらないのだという。一学年一クラスしかないから、クラス替えも実質ない。そこから、こうした雰囲気が生まれているのはたしかだろう。もちろんそれは担任と親、また親同士の関係にも、大きな影響を及ぼしている。好むと好まざるとにかかわらず、学校に入学し、そして卒業するまで、関係が続いていくのである。クラスの団結は否が応でも強まるが、転校生には近寄りがたい雰囲気になる。それでもツドイはなんとかうまくやっているようだった。まだ四年生だったことも幸いしているようだ。

授業が終わると、先生は扉のところに立ち、「ナス・フレダノウ（さようなら）」と言って、生徒一人ひとりと握手をし、勉強を終えた生徒を見送る。生徒同士は「アホイ（じゃあ）」と言って別れ、学校での一日が終わるのである。

❖教師たちの対応

学校に入学するにあたり、窓口になっていたのはハナ校長先生と英語のマレク先生だけだった。このためツドイの担任マグダレーナ先生と、ヒラクの担任ビエラ先生とは学校に登校したとき、はじめて会った。事前に顔合わせをして、打ち合わせをすることもなかった。チェコ語がまったくできない日本人の生徒を教えることになるなんて、この二人の先生は予想もしていなかっただろう。突然、教室に現れたヒラクとツドイは、きっと宇宙人にも似た存在だったにちがいない。それでも先生たちは淡々とその宇宙人を受け入れるようにしているかに見えた。

学校に通いはじめて間もないころ、ツドイの教室に貼ってある一枚の絵を見て、強く印象づけられたことがある。とても丁寧に描かれたカエルの絵だった。そこにチェコ語でカエルを意味する「ジャーバ」と並び、ひらがなで「かえる」と大きな字で書かれていたのである。もちろんツドイの字だ。尋ねると、先生から書くように言われたのだという。別に取るに足りないことかもしれないが、このカエルの絵を見たとき、ツドイはきっとこれからうまくやっていけると思った。会うたびに先生は「任せておきなさい」という顔をしていたが、その真意をカエルの絵を見て感じ取ったのである。「ジャーバ」はツドイとぼくが覚えた最初のチェコ語のひとつになった。

チェコの子どもたちはいかに自分が人とちがうか、自分だけの個性をつくろうと工夫しているように思える。それを互いに見せ合い、すばらしいとほめ合う。そして、「じゃあ、自分はこうしよう」とまた工夫をする。マグダレーナ先生はツドイのすることをいつも「すばらしい」とほめ、自信を持たせるように努めているようだった。たった一人の日本人だからと引け目を感じさせるのではなく、日本人であることをツドイの個性として他の子どもたちにアピールさせているようにさえ感じた。子どもたちはそれをすごいと素直に感心し、ツドイを受け入れていった。マグダレーナ先生の教え方や子どもとの接し方にはたいへん興味深いものがあり、これから先が楽しみだったが、残念ながら病気になってしまい、新学期にはヤナ先生に替わった。

ヒラクの担任になったビエラ先生は、寡黙な印象で、あまり感情を表に出さないタイプに見えた。そのためなにを考えているのか、最初のうちは正直よくわからないでいた。先生は先生でぼくのことをきっとそう考えていたのだろう。英語をあまり得意としていないビエラ先生と、チェコ語がほとんどわからない親とでは、お互いに聞きたいことも聞くことができないといった状態だった。顔を合わせるたびに、ちょっと困惑した表情を浮かべていた。しかし、ビエラ先生はそのような態度をヒラクの前ではおくびにも出さなかった。

転入してきた日本人の生徒に対してよい印象を持っていないのではないかと感じる先生もなかにはいた。あからさまに存在を無視したり、侮蔑的なことを言ったりする先生もいたのである。ツドイの美術の先生はその一人だった。どうしてそのようなことを言うのかと、クラスメイトたちがツドイをかばったことがあるくらいだ。こうした状況を予期していたのか、ハナ校長先生から、差別を受けていないか尋ねられたことがある。「差別は法律で禁止されている」と先生は言うのだが、残念ながらチェコにはこうした差別が根強くある。社会主義の時代、ベトナム人が労働力として大量に送り込まれたことがアジア人蔑視の背景にはあり、またとくにロマ人に対する差別は国際問題に発展したこともある。

もっともこんなことでめげる二人ではなく、さらりとかわしていた。ドイツ語の先生はなにかにつけて、「日本人だからだめだ」と言った。あまりにしつこいものだから、思いあまったツドイは「なにがだめなんですか」と聞き返したそうだ。すると、「ただなんとなく」と答えたのだという。

❖はじめて見た授業はまるでカオス

はじめて学校に登校した日、ハナ校長先生に連れられ、妻もヒラクと一緒に七年生の教室に行った。これからどうなることかと不安でいっぱいだった妻も、これからこの教室でヒラクは勉強することになるのかと思うと、ホッとするものを感じたという。クラスメイト一人ひとりに握手で迎えられるヒラクのことを一瞥しながら、教室のうしろにある椅子に腰掛けた。

教壇にはナジャ先生が立っていた。六年生のときまでこのクラスの担任だった先生である。詩の朗読をして、「エポック」と呼ばれる集中授業がはじまった。生物の授業で、内容は関節についてだった。先生は身振り手振りを交えながら授業を進めている。しかし、最初は静かだった教室がコソコソ、ガサガサ、だんだんうるさくなってくる。生徒はものの投げ合いをしたり、リンゴやパンを食べはじめた。真面目に前を向いて先生の話を聞いている子もいるが、携帯電話をいじったり、隣の人とおしゃべりをしたりしている生徒や、うしろを向きっぱなしの生徒もいる。一応、前に座っている生徒の陰に隠れるように姿勢は低くしているが、どう見ても先生にはバレバレだ。

それでいて学級崩壊している感じではない。生徒が先生に反発している様子はなく、クラス全体の雰囲気は明るかった。子どもたちの仲もよさそうだ。歩き回っている生徒はいない。先生の話をまったく聞いていないように見えるのだが、それでいてなにか発言を求められるときちんと答えている。関節の名前を繰り返し言う場面では、みんな起立をして復唱していた。なんだかとんでもないクラスでこれからわが子は学ぶことになるのかと、普通なら暗澹たる気持ちになるかもしれない。しかし、妻はなんとも新鮮なものを感じていた。たぶん、この子たちは毎日こんな感じで授業を受けているのだろう。外国からの転入生の親がいるからといって、お行儀よくしてみせるなんて考えも及ばないのだろう。先生も事前に子どもたちにちゃんとしなさいとは言わなかったにちがいない。これがありのままの姿なのだと思うと、逆に安心したのだった。

妻は短大の幼児教育課程でシュタイナー教育について学んだときも、シュタイナー学校で学んだ人たちの体験記を読んだときも、懐疑的なものを感じていたようだった。どこか美化されすぎていて、そこに嘘っぽさを感じ取っていたのである。ぼくが子どもたちをシュタイナー学校に入れてはどうかと話したときも、引っかかるものがあったようだ。短大を卒業すると、妻は保母の仕事をはじめた。保育の現場で働いてみて、シュタイナー教育で提唱される年齢に応じた教育には、たしかに納得するものを感じた。しかし、シュタイナー教育で多用される蜜蠟クレヨンで描いた絵のタッチは好みではなかったし、自然のものだけを使うという発想は逆に不自然ではないかと感じていた。

もしナジャ先生が絵に描いたようなシュタイナー学校の授業をして、生徒も熱心に耳を傾けていたら、もともと抱いていた疑いを妻はよりいっそうふくらませていたのかもしれない。しかし、いま目の前で繰り広げられている授業はまったくちがった。はじめて目の当たりにするシュタイナー学校の授業は、まるでカオスのようだった。そのなかからむき出しの自由が顔をのぞかせていた。ヒラクもまた教室に座りながら、ただひたすら驚くしかなかった。あまりの混沌ぶりに、なにが起きているのか、さっぱりわからない。チェコ語がまったくできない転入生に、隣の席の人が授業の内容を聞いてくる。どう反応すればよいのか、面食らうしかない。こうした日々のなかでいろいろな先生が教えに来たため、自分たちのクラス担任がビエラ先生だとわかるまで、ずいぶんと時間がかかったという。

❖自由な雰囲気にあふれる

「学校がこんなに自由なところだとは思いもしなかった」

シュタイナー学校に通いはじめて間もないころ、ハナ校長先生に学校の印象を尋ねられ、ヒラクはうなるようにそう答えていた。

制服はない。スポーティーな服装の生徒がいるかと思えば、おしゃれをしている生徒がいる。なかにはシュタイナー学校独特の、ヒッピー風の格好をしている生徒もいる。髪型は自由だ。短く切っている生徒がいると思えば、肩まで伸ばしたり、パーマをかけている生徒がいる。弁髪を思わせる奇妙な髪型の生徒や、剃り込みを入れている生徒、染めている生徒もいる。高学年になれば当たり前のように女子は化粧をして学校に行く。ツドイも日本の中学校一年生にあたる七年生のときから化粧に関心を持ち、自分で化粧品を買うようになった。いくらなんでも早すぎるのではないかと思って父母会のときに先生と相談したが、「年頃なのだからそんなのは当たり前よ」と一笑に付されただけだった。ピアスは生まれてすぐにする習慣があるし、ネックレスやブレスレット、指輪をするのもごく普通のことである。

常識的なものであれば、持ち物に制限はない。ＭＰ３プレーヤーで音楽を聴きながら通学し、携帯電話は低学年の生徒もごく当たり前のように持っている。休み時間の過ごし方も自由だ。校庭でサッカーをしている生徒がいれば、家から持ってきたノートパソコンでゲームをしたり、映画やドラマを見ている生徒がいる。駅の近くにある店に足を延ばし、サンドイッチやお菓子を買いにいく生徒がいる。学校にお金を持ってきても注意されることはない。家が学校の近くにある生徒のなかには、いったん帰宅する者もいる。だからといって規律がないわけでもなければ、学校がとくに荒れているわけでもない。授業中にメールをして携帯電話を先生に一晩取り上げられたり、校内での喫煙を注意されることがあっても、あくまでそれは個人の問題で終わる。さすがにヒラクのクラスメイトがマリファナに手を出したときはそれだけではすまなかった。ビエラ先生が問題の生徒と根気よく話し合いを重ねた末、反省しているところを先生に見せようと、その生徒はスポーツに打ち込むようになる。

こうした自由な雰囲気に、ツドイはすぐに順応した。日本では少し窮屈そうにしていた彼女が、伸び伸びと羽を伸ばしている。しかし、ヒラクは日本の学校とのあまりのちがいに、ずいぶん戸惑っている様子だった。それもそうだろう。「授業中、おしゃべりをしてはいけません」「学校に必要のないものを持ってきてはいけません」「廊下を走ってはいけません」。〝いけません〟尽くしの学校から、突然、たいていのことは自由という学校に変わったのだ。いままで先生や親に叱られてきたのはいったいなんだったのかと思うのも当然だろう。

そのせいか、はじめのうちヒラクはツッパって見せるという態度に出た。そうした日本的な反抗を理解できず、ビエラ先生は「日本の子どもとチェコの子どもがこんなにもちがうとは思いもしなかっ

9年生のときのヒラク（前列中央）のクラス写真。左から２人目が担任のビエラ先生

た」と嘆いていたことがあった。善きにつけ悪しきにつけ、ヒラクには日本の教育が染みついていて、それを信じてやまなかった。チェコに行くときも、学校には制服がないといくら言っても、「持っていく。なにかあったらどうするんだ」と泣いて聞かなかった。ヒラクがすがろうとする制服は日本の教育の象徴のような気がした。しかし、シュタイナー学校で学びはじめたヒラクは、「こういうのもありなのか」と徐々に自分のおかれた状況を受け入れていく。幼いころから友だちと遊びたくて仕方がなく、楽しいこと、おもしろいことは逃したくないという性格がむくむく頭をもたげた。と同時に、自由であることのむずかしさも感じはじめることになる。なにをするにも自分で判断し、自分で決定し、自分で実行しなければならない。そして、たとえそれがうまくいかなくても、だれのせいにもできないということに気がつきはじめるのである。

❖学校で使うもの

入学式の日、新入生の教室をのぞいてみたことがある。机の上にはノートと蜜蠟クレヨンのセットがおかれ、そこに座る子どもの名前のプレートが添えてあった。生徒に渡されるのはそれがすべてである。

学校に転入するにあたり、用意するものはなにかないかとハナ校長先生に尋ねても、とくになにもないというばかりだった。日本では、新学年がはじまるたびに、その学年に必要なもののリストが配られ、妻はそれを見ながら、一つひとつ買ったり、自分でつくったりして準備をした。どの持ち物にも新しい学年、組、名前を書き込んでいく。面倒な作業だが、子どもの進学をうれしく思う恒例行事でもあった。だから、なにもないと言われると、妻はなんとなく寂しくもあり、またとても不安にもなっていた。もしかしたらぼくや子どもたちが聞き違いをしたかもしれないと心配したのである。しかし、それも取り越し苦労だった。先生が必要なものをちゃんと用意してくれていたのである。

絵を描くには蜜蠟クレヨンを使う。これはミツバチの蜜蠟からつくられる天然素材のクレヨンで、発色が豊かなことで知られる。口に入れても安全という利点もある。なじみのあるスティック型と、消しゴムのような四角いかたちの二種類がある。かたちがちがうだけで、どちらもクレヨンに変わりはない。この蜜蠟クレヨンを使うのは小等部までで、中等部からは色鉛筆になる。文字は青いインクの万年筆で書く。これはシュタイナー学校だからというわけではなく、チェコでは小学校から使う、子どもにもなじみ深い筆記具だ。このため文具店にはさまざまな種類の万年筆が並び、子どもが使うものだから値段の安いものからある。シュタイナー学校の万年筆として、ペン先の幅が広い木製の万年筆は学校で配られた。カリグラフィーと呼ばれるデザイン化された文字を書くための万年筆で、詩を書くときなどに使われる。

しかし、いちばん大切なものに思える教科書は配られない。シュタイナー学校には教科書というものがないからだ。算数でも国語でも社会でも、すべての科目で教科書をいっさい使わないのである。黒板に先生の書く文章や図、絵などを写すノートがそれに代わる。このノートがいわば手作りの教科書となるのだ。ノートとはいってもあくまで教科書である。だから、科目ごと、あるいはテーマごとに、それぞれ別々のノートがつくられていく。このノートは多彩な色画用紙を表紙に、罫線のないわら半紙をホッチキスで綴じたシュタイナー学校特製のものである。新しいエポック（集中授業）がはじまるときなどに、先生から配られる。

その他の道具は、授業で必要になるたびに先生が子どもたちに持ってくるよう、指示をする。また、指示がなくても子ども自身が必要だ、あったら便利だと思ったものを持っていく。なにが授業で必要なのか、父母会で直接、指示されることもあるが、普段、親にはほとんどわからない。学校からの連絡事項を綴ったプリントがないからだ。それにもかかわらず、日本の学校であれほど忘れ物の注意を受けていた二人が、不思議と忘れ物をしなくなった。

❖シュタイナー学校の時間割

シュタイナー学校の時間割はかなり変わっている。一般的な学校とのいちばん大きなちがいは、この時間割の組み方・考え方にあるといってもよいかもしれない。普通、時間割といえば、一時限目算数、二時限目国語、三時限目社会という具合になる。一週間、各科目の授業がバランスよく配置されたうえで、規定の授業数を学べるようになっている。一年間、同じ時間割のままであることも、学期ごとに時間割が変わることもある。しかし、シュタイナー学校での授業の組み立て方は、普通の学校の考え方とは根本的に異なっている。

シュタイナー学校では、最初の一時限目、エポックと呼ばれる独特の授業ではじまる。これは日本語にすれば「集中授業」というべき性格のもので、算数なら算数、歴史なら歴史と、同じ授業を毎日、一カ月程度続けるのである。九月に算数を毎日学んだと思ったら翌十月は歴史に変わり、さらに十一月からは化学の勉強をするという具合である。主要科目を学ぶことから、「主要授業」「メイン授業」と呼ばれることもある。エポックの授業は八時三〇分から一〇時三〇分までのたっぷり二時間。この時間割は一年生から九年生まで共通し、低学年だからといって時間が短いわけではない。途中、休み時間もない。大学の授業は一コマ九〇分であることが多いが、それよりも長いわけだ。

このエポックは、子どもたちをシュタイナー学校に入学させるかどうか悩んでいたとき、いちばん不安を感じた点だった。このような変則的な授業で勉強したことが身につくのか、また二時間もの授業を受けて、子どもたちの集中力が続くかどうか、疑問に思ったのである。いくら説明を聞いても、体験記に目を通しても、エポックとはいったいどのような授業なのか、実際に経験してみるまではよくわからなかった。しかし、こうした点は杞憂にすぎなかったようだ。エポックではきちんと深く理解することが求められる内容の科目を学ぶ。その一方で、毎日こつこつ反復して勉強したほうがよい

授業中の教室。各クラスの生徒は二十数人なので教室が広く感じる

と思える科目は毎週学ぶからである。きちんと棲み分けができているのだ。

このエポックが終わると二〇分の休み時間があり、子どもたちは家から持ってきたおやつを食べたり、校庭で遊んだりして好きに過ごす。それから国語(チェコ語)や計算問題(算数)、外国語(英語・ドイツ語)、音楽などの科目の授業があり、午後の時間帯には体育やオイリュトミー、美術やハンドワークなどの授業がある。生徒の集中力がもっとも高い朝の時間帯にエポックを行ない、そのあとコミュニケーションを図る言葉の授業、考えるよりも繰り返しの訓練が必要な計算練習などが続く。そして、午後には身体を動かしたり、モノをつくったりする授業があるというわけだ。

これが学校の時間割の基本的な考えなのだが、現実には先生がたくさんいるわけではないのでやりくりがつかず、すべての学年の時間割がこのパターンというわけにはなかなかいかない。低学年

シュタイナー学校の時間割

1年生	月	火	水	木	金
1時限目 8:30-10:30	エポック	エポック	エポック	エポック	エポック
2時限目 10:50-11:35	英語	オイリュトミー／手芸	英語	美術	美術
3時限目 11:45-12:30	体育	手芸／オイリュトミー	手芸		

2年生	月	火	水	木	金
1時限目 8:30-10:30	エポック	エポック	エポック	エポック	エポック
2時限目 10:50-11:35	オイリュトミー／手芸	体育	英語	ドイツ語	ドイツ語
3時限目 11:45-12:30	手芸／オイリュトミー	手芸	ドイツ語	音楽	音楽

3年生	月	火	水	木	金
1時限目 8:30-10:30	エポック	エポック	エポック	エポック	エポック
2時限目 10:50-11:35	英語／ドイツ語	体育	英語／手芸	オイリュトミー／ドイツ語	オイリュトミー／ドイツ語
3時限目 11:45-12:30	ドイツ語／英語	自習	手芸／英語	ドイツ語／オイリュトミー	ドイツ語／オイリュトミー
4時限目 12:40-13:25		美術			

4年生	月	火	水	木	金
1時限目 8:30-10:30	エポック	エポック	エポック	エポック	エポック
2時限目 10:50-11:35	自習	英語／ドイツ語	手芸	英語／ドイツ語	英語／ドイツ語
3時限目 11:45-12:30	手芸	ドイツ語／英語	オイリュトミー	美術	美術
4時限目 12:40-13:25	オイリュトミー	手芸	ドイツ語／英語	音楽	音楽

5年生	月	火	水	木	金
1時限目 8:30-10:30	エポック	エポック	エポック	エポック	エポック
2時限目 10:50-11:35	美術	自習	ドイツ語／英語	自習	自習
3時限目 11:45-12:30	演劇／手芸	（休み）	（休み）	（休み）	（休み）
4時限目 12:40-13:25	手芸／演劇	英語／ドイツ語	英語／ドイツ語	オイリュトミー／ドイツ語	オイリュトミー／ドイツ語
5時限目 13:35-14:20		ドイツ語／英語	体育	ドイツ語／オイリュトミー	ドイツ語／オイリュトミー

6年生	月	火	水	木	金
1時限目 8:30-10:30	エポック	エポック	エポック	エポック	エポック
2時限目 10:50-11:35	体育	英語／ドイツ語	算数	音楽	音楽
3時限目 11:45-12:30	チェコ語	ドイツ語／英語	（休み）	手芸／演劇	手芸／演劇
4時限目 12:40-13:25	チェコ語	音楽	オイリュトミー／英語	演劇／手芸	演劇／手芸
5時限目 13:35-14:20	（休み）	ドイツ語	英語／オイリュトミー		
6時限目 14:30-15:15	美術		美術／ドイツ語		
7時限目 15:25-16:10	美術		美術		

7年生	月	火	水	木	金
1時限目 8:30-10:30	エポック	エポック	エポック	エポック	エポック
2時限目 10:50-11:35	チェコ語	音楽	算数	チェコ語	チェコ語
3時限目 11:45-12:30	（休み）	音楽	英語	英語／ドイツ語	英語／ドイツ語
4時限目 12:40-13:25	体育	英語／ドイツ語	英語	英語	英語
5時限目 13:35-14:20	体育	（休み）			
6時限目 14:30-15:15		音楽			
7時限目 15:25-16:10		ドイツ語／英語			

8年生	月	火	水	木	金
1時限目 8:30-10:30	エポック	エポック	エポック	エポック	エポック
2時限目 10:50-11:35	チェコ語	英語／美術	オイリュトミー／英語	木工	木工
3時限目 11:45-12:30	チェコ語	美術	チェコ語	英語	英語
4時限目 12:40-13:25	ドイツ語	音楽	算数	英語	英語
5時限目 13:35-14:20	オイリュトミー	美術		手芸／演劇	手芸／演劇
6時限目 14:30-15:15	体育	ドイツ語／美術		演劇／手芸	演劇／手芸

9年生	月	火	水	木	金
1時限目 8:30-10:30	エポック	エポック	エポック	エポック	エポック
2時限目 10:50-11:35	チェコ語	音楽	木工／美術	ドイツ語／ドイツ語	ドイツ語／ドイツ語
3時限目 11:45-12:30	体育	音楽	美術／木工	チェコ語	チェコ語
4時限目 12:40-13:25		（休み）		英語	英語
5時限目 13:35-14:20		チェコ語		英語	英語
6時限目 14:30-15:15		英語／ドイツ語		算数	算数

ではできるだけこのパターンに沿ったかたちで時間割が組まれているものの、高学年になるとどうしても例外が多くなる。いずれにしても全体的にメリハリのある授業構成であり、生徒の集中力が途切れないよう、ムラが出ないよう、うまく時間割が工夫されているように感じる。

❖テストがない学校

プラハのシュタイナー学校にはテストがない。中間試験や定期試験もない。テストがないと聞くと、だれしもきっと「いいなあ」と思う反面、「大丈夫なのか？」と思うことだろう。しかし、ないとはいっても、実際にはある。その意味合いが大きく異なるだけだ。普通、テストは成績をつけるために実施される。点数がよければ評価は高くなり、悪ければ低くなる。一方、シュタイナー学校のテストは、成績をつけるためのものではない。そもそもこの学校は生徒を数字で評価することを嫌う。通知表にも数字による評価はなく、なにをどのように理解し、問題はどこにあるかなどが具体的に言葉で示される。

テストは大きく二つに分かれる。一つは英単語の書き取りや計算問題のようなテスト。こうしたテストは頻繁にあり、その場で答え合わせをする。先生が採点することはなく、点数を記録することもない。あくまで授業の一環として行なわれるテストだ。もう一つは、エポックのまとめを、テストのかたちを借りて行なうものである。このテストは先生が採点し、授業中に作成したノートの出来不出来と合わせ、生徒一人ひとりの理解度や到達度を確認する。授業が終わると先生はしばらくノートを預かり、チェックするのである。こうしてエポックの授業がうまくできたかどうか、先生は振り返り、

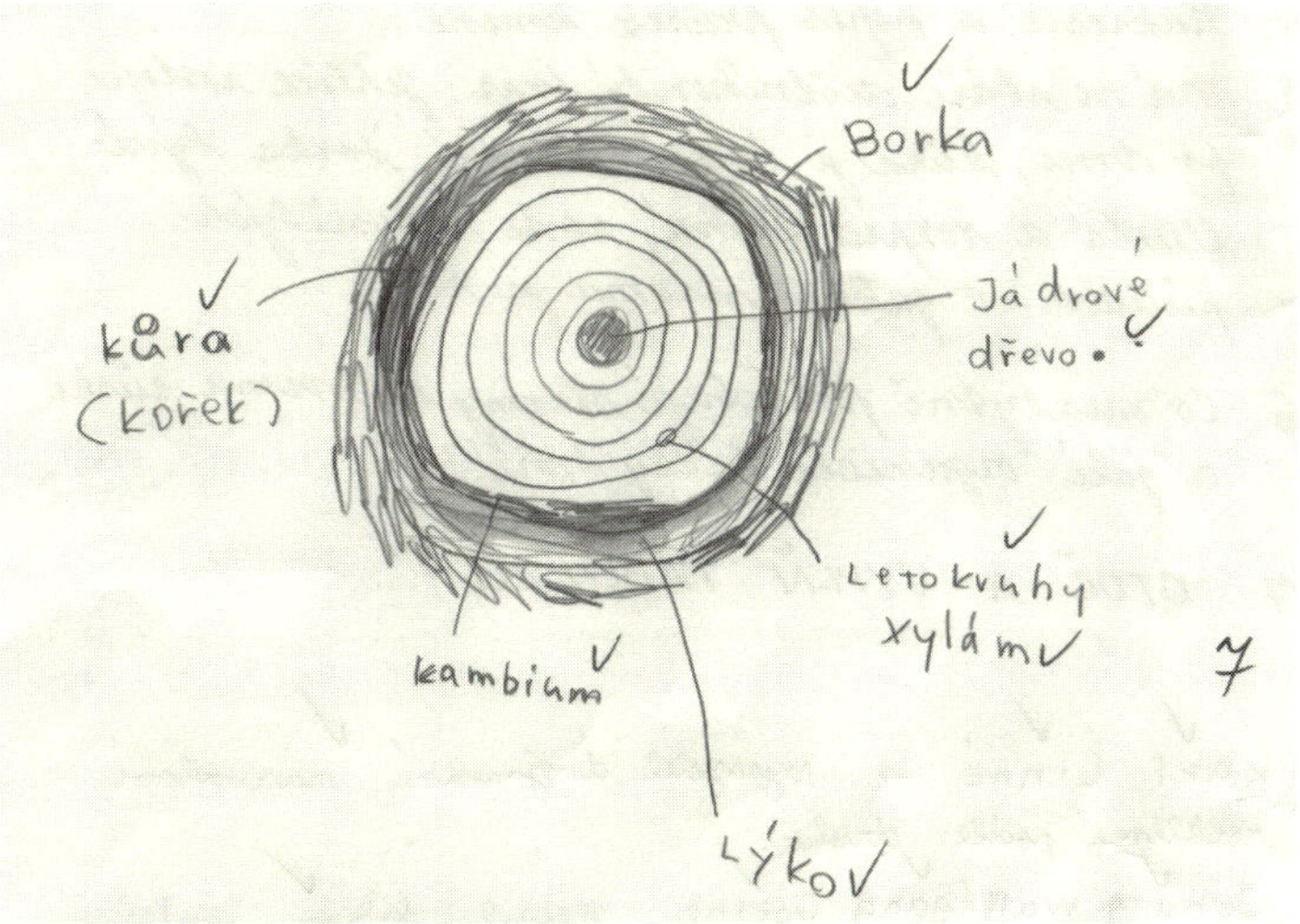

植物のテスト問題「幹の構造を図解しなさい」で、ツドイが描いた解答

反省する材料としている。クラス全体の理解度がいまひとつのときは、父母会での検討材料とし、父母を交え、なにが問題なのかを話し合う。

　エポックのねらいは、授業で出てきたさまざまな要素を一つひとつ記憶していくのではなく、全体の大きな流れをイメージとしてつかむことにある。それがエポックの基本であり、イメージを記憶にしっかり刻むことが求められる。このように「木を見て森を見ず」という事態を避ける傾向は、シュタイナー教育の本質的な部分にあると感じている。こうした教育法に取り組むシュタイナー学校の先生を見ていると、巧みな語り部を思わせることがある。先生が口にする言葉や、黒板に描き出す図像などが生き生きとしたイメージとしてふくらみ、まるで上質な映画でも見ているかのように、頭の中に浮かび上がってくるのだ。しかし、イメージが頭の中を駆け抜けていくだけでは、ときに理解が抽象的になりかねないこともありうる。

記憶よりもイメージとしてものをとらえることが求められているからといって、「森を見て木を見ず」でもまた困るわけだ。

各エポックでなにが重要なポイントかを確認する役割もテストにはある。たとえばツドイが五年生のとき、植物を学んだエポックのテストは次のようなものだった。「勉強した植物の名前はなんですか」「植物はどのように成長しますか」「根と葉、花の役割はなんですか」「幹の構造を図解しなさい」。いずれも授業内容の確認であり、先生の話をきちんと聞いてさえいればできる問題ばかりである。すべて記述して解答し、選択問題や○×で答える問題は出ない。

テストの出来が悪いと、昼の休み時間や放課後に居残り、同じテストをもう一回、繰り返す。成績のためのテストではないので、再テストができればそれでよしとされる。ちなみに再々テストまで受けた生徒は、いまのところヒラクのクラスにもツドイのクラスにもいないのだそうだ。

❖学校で食べるおやつ

カーチャはロフリークと呼ばれるチェコ独特の三日月パンを頬張り、ヨゼフィーナはニンジンをそのまま生でぽりぽりかじっている。ポテトチップやチョコレートの封を切る子がいれば、ミカンの皮をむきはじめる子もいる。だれかが大きな袋菓子を開けると、クラスメイトがわあっと寄ってくる。次々に手が出て、あっという間に空となってしまい、そのお菓子を持ってきた子はみんなに向かって怒っている。ツドイがときどき持っていく日本のお菓子は、珍しさも手伝い、いつも取り合いになるほどの人気だ。お菓子を食べながら、マットーニというチェコで人気のフルーツの味がついた炭酸水や、コフォラという社会主義の時代にコカ・コーラを真似てつくられたジュースをがぶがぶ飲んでいる。遠足の一コマではない。一〇時三〇分にエポックが終わったあとの二〇分の休み時間に、毎日学校で繰り広げられるごく日常的な光景だ。この休み時間はおやつタイムにあたり、エポックで二時間も勉強したあとのくつろぎの時間となっている。ほかの休み時間は一〇分なので、ちょっと長めの休み時間だ。

「学校におやつを持っていかなくていけないんだ」

ヒラクとツドイは学校に通うようになってすぐ、うれしそうな顔をして驚いて見せた。ツドイのクラスでは、おやつを持っていかないと、忘れ物として先生が注意するくらいなのである。日本の学校ではおやつなんか持っていったら、それこそ先生に叱られてしまうだろう。これまでそんな環境で育ってきた二人にしてみれば、おやつを持っていくなんて、うれしくてたまらないことのようだった。

給食はあるので、お弁当を用意する必要はないが、このおやつを持たせなくてはならない。とはいっても、なにを持っていかせればよいのか、経験がないので最初のうちはどうもピンとこなかった。そのうちスーパーマーケットのお菓子売り場に、さまざまな種類のスナックバーが売っていることに気づいた。チェコの子どもたちが毎日学校に持っていくものなので、まとめて安売りしていることもある。こうしたスナックバーや袋菓子をあらかじめ買って用意しておき、朝、学校に行くとき、自由に選んで持っていかせることにした。チェコの子どものようにニンジンやパプリカをそのままおやつにするのは嫌がったが、袋菓子を小分けにしたり、パンを持っていったり、果物にしたり、その日の時間割に合わせてなにを持っていくか、工夫していた。たくさん買っておいても、ストックはあっと

学校帰り、ツックラールナ（甘味処）に寄り道し、みんなでアイスクリームを食べた

いう間になくなった。友だちと分け合って食べるのが楽しくて、つい多めに持っていくからだ。買いおきが切れたときは、お小遣いを渡して自分で買いに行かせる。地下鉄の駅にあるおやつの大きな自動販売機で買ったり、休み時間、近くの店まで買いに走ることもある。学校帰り、友だちと寄り道をしてアイスクリームを食べることもよくある。こうした買い食いが学校で問題になることはない。

ほかの休み時間でもおなかがすけばいつおやつを食べてもいい。しかし、さすがに授業中に食べているのを見つかると、生徒は廊下に立たされるはめになる。このおやつの習慣は大人にもあり、父母会のときにも当たり前のような顔をして、スナックバーを頬張りはじめる親がいる。

❖楽しみな給食

給食室は小等部の校舎の一角にある。壁に大きな象の浮き彫りがある明るい部屋だ。この浮き彫りは父母が総出でつくったと聞いた。給食は各教室ではなく、この給食室で食べることになっている。全学年の生徒がいっせいに食べられるほど広くはないため、時間割をずらして一時限分の休み時間をつくり、そこが給食の時間になる。日本のように各学年がいっせいに食べるわけではない。一度に集まれるのは最大で三学年、六〇人程度なので、給食時間に結構なズレが出てくる。授業が詰まっている高学年になると、六時限目が終わる一五時一五分になってようやく給食にありつける日もある。どうりでおやつが必要になるわけだ。

給食は近くにある大きな小学校でつくったものが運ばれてくる。グラーシュというシチューとクネドリーキ（ゆでパン）のセット、チキンカツ、パスタなどがよく出る献立だ。チェコのレストランに行くと量に驚かされることが多く、普通でも一・五人前、場合によっては二人前と思えるほどだが、給食も基本的には同じ。とにかく質より量という感じで、おなかいっぱいになるメニューが中心である。一通りの栄養管理はなされているようだが、日本のようにきめ細かくはなさそうだ。いかんせん量が多いから、カロリー計算もあってないようなものだろう。

子どもたちの好き嫌いは激しく、肉や魚を食べずに残す生徒が多い。残しても二人いる給食のおばさんはとくになにも言わない。「おいしくない」との理由で、給食を頼まない生徒もいる。頼むか頼まないかは生徒の自由なのである。献立を見て、嫌いな食べ物の場合、一日前までに言えば、食べなくてもかまわない。一食あたりいくらの計算なので、食べなければその日の給食費はかからないのである。食べる量のちがいから、給食費は学年によって少しずつ差がつけられている。一食あたり二〇コルナ前後で、食べた回数に応じ、月に一度、給食費を払う。

おやつの時間にお菓子をよく食べるわりにはダイエット志向が強く、サラダがいちばんの人気だ。このため試験的にベジタリアン向けの給食が用意された年もあったが、一年で終わってしまった。思ったよりも希望者が多く、普通の給食の準備に支障が出てしまったのである。ツドイは八年生から給食をやめ、弁当を持参するようになった。ツドイが自分でそう言い出し、毎朝、妻が弁当をつくるようになった。楽しみにしていた給食だったが、毎日同じようなメニューで飽きてしまったのだという。たしかにチェコの料理は日本の料理に比べるとバリエーションに乏しい。日本の給食は毎日ちがうものが出るほどメニューが豊かだが、チェコでは同じようなものが繰り返し出る。チェコの重たい料理を食べているうちに、すっかりふくよかになったことも気にしていた。持っていく弁当は日本風のもので、ご飯に鶏の唐揚げやウィンナー、卵焼き、野菜などをおかずに添える。おにぎりやサンドイッチのときもある。ツドイに倣い、ミリアンも自分で弁当をつくり、持ってくるようになった。そして、校庭の横にある木に登り、二人で食べている。珍しい日本の弁当が気になり、今日はなにを食べているのかと、クラスメイトはみんなでのぞきに来るという。

❖体育は自由時間

小等部から中等部への急な坂道を、シュタイナー学校の生徒は毎日のように行き来する。給食のときは中等部の生徒が小等部の校舎にある給食室へ行き、体育のときは小等部の生徒が中等部の校舎の横にあるグラウンドまで登っていくのである。グラウンドはけっして広いわけではなく、ミニサッカーが一面ようやく取れるくらいの大きさ。鉄棒もジャングルジムもないが、大きな木立の生い茂るちょっとした林が隣接し、子どもたちはその木によじ登ったり、枝を鉄棒代わりにしている。体育館もプールもない。学校から歩いて一五分くらいのところに地域の体育館があり、室内競技をするときはその体育館を借りる。学校の体育館を一般に開放する日本とは逆に、地域の体育館を借りて授業をするわけだ。

この体育館はソコロヴナーと呼ばれ、ソコルという体操団体を語源としている。ソコルはオーストリア帝国の支配下にあったチェコの独立をめざし、チェコ系の住民が集まる公的な空間として各地に体育館をつくった。スポーツを通じた交流を通じて結束を深め、独立への気運を高めていったのである。一九一八年にチェコは念願の独立を果たしたが、そのためにソコルが担った役割には大きなものがある。歴史に根ざした伝統は今日も受け継がれ、近隣の人びとがバレーボールや卓球などのクラブをつくり、汗を流している。

「ヒラク、おれに柔道の技をかけてくれ」

ソコルヴナーでの授業にはじめて参加した日、用具室から畳を運び出してきて並べたヤーヒムは、柔道の構えをして見せた。日本から来たクラスメイトに柔道を教わろうとの魂胆らしい。あいにくヒラクは日本の体育の授業で柔道の基本を習っただけだったが、いくつかの簡単な技はとりあえずできた。ヤーヒムが技をかけられる姿を見て、おれもおれもと、みんなが集まってきた。技をかけられたクラスメイトは、決まってうれしそうな顔を浮かべたという。そんなことがあってから、なかなかなじめず浮いていたヒラクも、少しずつクラスに溶け込もうとするようになった。人びとの融和を目的につくられたソコロヴナーならではの出来事だったのかもしれない。ツドイはツドイで、縄跳びの二重跳びや三重跳びをすると、クラスメイトばかりか先生にまで、〝神業〟だと言われた。どのようにしてやるのか、簡単な手ほどきをしたものの、できるようになった生徒はいなかった。

体育はもちろん先生がつくが、授業というより、自由時間に近い感じだ。指定の体操着はなく、動きやすい格好であればなんでもかまわない。ちゃんとスポーツウェアを着ているのは半分ぐらいで、あとはジーパンなど普段着のまま出席している。授業でやる競技は生徒が好きそうなことを先生が選んでいるが、高学年になると、その日なにをするか、生徒が決めている。校庭ではサッカーやドッジボール、フリスビー、体育館ではバレーボールやバスケットボールをすることが多い。ヒラクのクラスでは、教室のシンボルとなっている卓球台で卓球をすることもある。

シュタイナー学校のカリキュラムはエポックとそれ以外に大きく分かれている。朝、最初に行なわれるエポックでしっかり勉強し、その他の時間は身体を動かしたり、歌を歌ったり、なにかモノをつくったりすることにあてられる。そうすることで勉強に集中した心を解きほぐしていくのである。

❖よく学び、よく遊ぶ

担任となったビエラ先生は、ヒラクがこれまで習ったどの先生ともタイプがちがっていた。チェコ語も勝手もわからない転入生だからといって、特別に声をかけてくれるわけでも、手取り足取り世話をしてくれるわけでもなかった。ヒラクにしてみれば、先生はもっと親切に、細やかに接してくれてもよいのでないかとの思いがあっただろう。はじめのうち、ビエラ先生のこうした態度はずいぶんそっけなく、冷たく感じたにちがいない。「いついつまでにお金がいくら必要だ」ということはなんと

週末、ヒラクはヤーヒム（左）やクリシュトフとよく山登りに出かけた

かわかっても、それがなんのために必要なのかはわからない。クラスメイトと泊まりがけで遊びに行くときも、なにを持っていけばよいのかわからず、途方に暮れた。しかし、ビエラ先生は、ヒラクに対して最初からまったくほかの子と同様に接した。「言葉がわからないのだから無理だろう」とか、「もう少し様子を見てから参加させよう」などということがいっさいなかったのである。

授業中のビエラ先生はとても厳しく、教え方が上手だった。細かいところにまで神経が行き届いた教え方だった。教わった一つひとつのことが不思議とからまり合い、理解がどんどん深まっていく。先生の教え方は中学生を相手にしているとはとても思えない高度なものだった。教壇に立つビエラ先生の細い身体がずいぶん大きく感じられた。ヒラクはそんな先生のことをだんだん尊敬しはじめる。先生は知り合いの大学教授やギムナジウムの先生をゲスト講師として招き、よく教壇に立たせた。物理を教えたサム教授はその一人。単に物理の問題を解くのではなく、ユーモアにあふれ、それでいて哲学的な授業だった。

いったん授業が終われば、ビエラ先生は生徒と対等につきあい、一緒になって遊んだ。山登りに行き、インラインスケートを楽しむ。ウィーンの美術館で開かれている展覧会や、フンデルトヴァッサーの建築を見に行こうと誘う。テントで寝泊まりしながら、カヌーで川を下る。こうしたことも授業の一環だった。休みの日にはチャイヨブナーと呼ばれるチェコ風喫茶店に集まり、夜な夜な長話をする。遊びに行く計画を立てるのはいつもビエラ先生だった。生徒のだれかがみんなで遊びに行こうと言い出せば、先生はすぐ話に乗った。

こうしてヒラクは本当によく遊びに出かけた。勉強のかばんを持って出かける日よりも、大きな登山用リュックサックを背負って出かける日のほうが多いのではないかと感じるほどだった。勉強するためのかばんと、遊びに出かけるためのリュックサックを一緒に持って学校に出かけたこともある。よく学び、よく遊べ。親はだれしもそのように願う。それを理想とする教師も多いだろう。しかし、なかなかそうはいかない。学ぶといってもテストのためで、遊ぶといってもゲームに熱中するくらいのものである。ビエラ先生の姿勢を見ていると、この言葉の持っている本当の意味がだんだん見えてくる気がした。

❖日本の教育観とのちがい

プラハのシュタイナー学校に子どもを入学させる親は、人生を自由に、自分の考えで歩んでほしいと思っている人が多い。「いい大学」に行くためでも、「いい会社」で働くためでもない。将来どうするかは子どもが自分で考えることであり、親がとやかく言うことではないと考えているのである。実際、「いい大学」や「いい会社」に行くには、シュタイナー学校はあまり向いていないだろう。しかし、シュタイナー学校の生徒は感性がとても豊かだ。

親にしても子どもや学校のことをよく考え、できるだけのことをしようとする人が多い。父母会も毎月開かれ、話し合いを積み重ねる。自由に生きてほしいとの親の考えは、ときに教師とのすれ違いを生み出す。たとえば親はタバコぐらい吸ってもいいではないかと考える。吸ったうえで、自分で悪いことだと判断すればやめるだろう、と考えるわけだ。マリファナを吸うことさえ、そのように考える親がいる。頭ごなしに吸ってはいけないと叱ることはない。しかし、教師にしてみれば、タバコはもちろん、マリファナなんてもってのほかだとどうしても考えてしまい、そのように指導する。

ぼくと妻は、これまでなにかにつけて二人の子どもを叱ってきた。遅く帰ってはいけない。ゲームばかりするな。無駄遣いをするな。インターネットに書き込みをするな。どれも日本人の親なら口にしそうなことばかりである。高校や大学のこともつい気になる。果ては将来の就職先のことまで心配している。それはプラハに暮らし、子どもたちがシュタイナー学校に通うようになってもなにも変わらなかった。日本人の親として、日本の教育観に基づいた、日本の子育てをしているのである。たしかに頭の中では子どもたちには自由に生き、自分で道を切り開いていってほしいと願っている。シュタイナー学校に子どもたちを通わせたのもそのためだった。しかし、つい目先にある取るに足りないことに目がいってしまう。子どもが実際にやってみて失敗する前に、結果的にその芽を摘み取ろうとしてしまうのである。自由とはなにか。人が生きていくとはなんなのか――。日本を離れ、子どもをシュタイナー学校に通わせることで、親であるぼくと妻はそうしたことを突きつけられ、考えさせられることになった。

そのうち、これまで日本で経験してきたことや日本という世界を拒否したり否定したりするのではなく、チェコでの新たな生活やチェコで経験したことをつきあわせてみるようになった。すると、国や人種によるちがいにはたいした意味はないのではないか、ぼくも妻も次第にそう感じるようになった。いい人はどこの国の人でも同じようにいい人だし、悪い人は同じように悪い。学校も同じだった。いい先生もいれば、悪い先生もいる。シュタイナー学校独自の考え方にしても、いいと思える点もあれば、それほどでもないと思える点もある。ごく単純な、当たり前のことかもしれなかったが、そう考えるとだんだん気が楽になっていった。

第2章 日本を離れて、プラハで学ぶ

❖子どもが生まれてからの幸せな日々

おなかの大きな妻が、転ばないようにヨタヨタ歩いている姿を、いまでもふとした瞬間に思い出す。生まれたばかりの小さな赤ん坊をおんぶした妻が、そのころ住んでいたアパートの階段を登る足音もよく覚えている。そのときはとくになにを感じるわけでもなかったこうしたごく日常の一コマ一コマは、かけがえのない幸せな日々だった。

ぼくら夫婦にとってはじめての子どもが生まれてからというもの、すべては子どもを中心に回りはじめた。ミルクを与え、おしめを替え、風呂に入れ、ぐずればおんぶをする。離乳食をつくり、小さな椅子に座った子どもと一緒に食事をする。ハイハイをしていたのがいつしか立てるようになり、言葉を話し、文字が書けるようになる。そんな成長ぶりに日々驚きながら接し、目の中に入れても痛くないとはまさにこのことだと感じた。結婚しても、子どもが欲しいとはとくに思わなかった。むしろいらないと思っていた。仕事は忙しかったし、育てる自信もない。妻は子どもが欲しいのだろうと感じてはいたが、とくに話し合うことはなかった。その気が変わったのは、父が病に倒れたのがきっかけだった。生きているうちに孫の顔でも見せたいと思ったのである。だから、子どもが生まれ、その子どもをかわいがっている自分に気がついたとき、変われば変わるものだと感じた。きっとそれは命のなせるわざなのだろう。

幼稚園に通いはじめると、家で仕事をしていたぼくはよく送り迎えをした。父親が送り迎えをする家は少なかったせいか、ぼくのまわりにはよく子どもたちが集まってきた。そして、ヒラクやツドイのした悪さを告げ口したり、たわいもないことを話しかけてきた。たくさんの子どもたちの顔と名前を覚え、みんなわが子のようにかわいく思えたものだった。幼稚園の先生たちも魅力的だった。はじけるようなその姿には若さと希望があふれていた。笑顔を絶やさず、身体全体で子どもたちにぶつかっていた。子どもたちのことを本当によく見ていて、よいところを伸ばし、悪いところは直そうとしていた。ごく普通の私立の幼稚園だったが、子どもたちを安心して預けていられた。ぼく自身が幼稚園に通っていたときも不思議なほどにいい思い出しかない。幼稚園とはきっとそうしたところなのだろう。

天気のよい休みの日には、よく自転車であちらこちらに出かけた。ツドイが前の椅子に、ヒラクがうしろの椅子に座った。行き先はどこでもよかった。どこかに行くというよりは、二人の子どもと自転車に乗っていること自体が心地よくてたまらなかった。ヒラクが自分の自転車に乗れるようになるころには、ツドイは前の椅子では窮屈になり、うしろの椅子に座るようになった。そして、そのツドイも自転車に乗りはじめると、三人でサイクリングに出かけた。家に帰るころにはご飯の支度ができていた。途中にあった畑の直売所で子どもたちが選んだ新鮮な野菜や果物が食卓に彩りを添えた。家族でにぎやかに食べる食事はとてもおいしいものだ。子どもが生まれることで、ぼくら夫婦は少しずつ家族になっていったような気がする。

❖学校に居心地の悪さを覚える

ヒラクが小学校一年生のときの連絡帳がいまも手元にある。持ち物や宿題を鉛筆で書いたヒラクの幼い字とともに、担任の先生と妻との、果てしないやりとりがそこには記されている。連絡帳によると、学校がはじまってすぐ、ヒラクは休んでいる。張り切りすぎて、風邪をひいたらしい。遠足の前日に決まって熱を出す、お調子者のタイプだった。

　変化があったのは六月になってからのことである。「朝、保健室に行ったとき、身長計や体重計のところでふざけていました。そのとき身長計の一部がとれてしまいました」。先生からの連絡を受けて、妻はヒラクと学校に行き、保健の先生に謝った。それからほどなくして、図工の時間に粘土細工をつくっていたとき、ヒラクは壁や柱に粘土をぶつけて怒られた。先生は「私にとってこんなことははじめてです」と嘆いた。さらに廊下でボール遊びをして、ボールが教室の表示板に当たり、金具がはずれた。「お宅では家の中でボールを投げてもいいのでしょうか」と先生は問いかけてくる。そんなことが何度もあった。

　ヒラクが学校でしていることはもちろんほめられることではない。しかし、簡単に注意をすればすむ、ちょっとしたいたずらのようにも思えた。「私たち親としましては、ヒラクはやってはいけないと知りながら、おもしろさや好奇心でつい同じことを繰り返し、そのたびに叱られるいたずら小僧だと思っていました。しかし、指導されてもそれを理解できず、判断できないのでしたら、知能に問題があるのでしょうか」と妻は先生に答えた。

　このころのヒラクには多動の傾向が少なからずあったのかもしれない。だからといって、親の目からすればただの元気な子どもにしか見えなかった。先生から連絡があるたびに、妻はヒラクを問いただし、頭ごなしに叱った。ヒラクはなにひとつ答えず、じいっと立ったまま、口をつぐんだ。それがわが家の日常だった。そんなに怒らなくてもいいのにと思ったが、妻が怒らないときはぼくが叱った。

そんなぼくを見て、妻は「そんなに怒らなくてもいいのに」と言った。延々とその繰り返しだった。いつしか居心地の悪い家庭になっていた。そのころを振り返り、なにも先生と一緒になってヒラクのことを叱ることはなかった、と妻はこぼす。それはぼくにしても同じだ。

二年生の担任は、ベテランの先生がなった。クラス替えにともない、問題児はベテランや男性教諭が見るという、クラス運営の典型だったのだろう。彼女は物事をなんでも前向きにとらえようとするタイプの先生だった。そして、生徒のよいところをできるだけほめ、それを伸ばそうとしていた。ヒラクは地域のお祭りでやるお囃子を、幼稚園のときから大人に混じって練習してきた。祭りの日には山車《だし》の上で面をかぶって踊り、太鼓をたたき、笛を吹いた。先生はそんなヒラクを「すごい」とほめた。以来、学校のことで先生から連絡が来ることはまずなくなった。たった一言がヒラクを大きく変えたのである。

幼稚園に通っていたときまで、子どもは親の考えで伸び伸び育っていた。しかし、小学校に上がった途端、親の考えが先生や学校の考えに取って代わられていく気がした。そのうえ、担任の先生は一年ごとに替わる。先生の考え方や方針によって、教室の雰囲気はがらりと変わった。先生たちに振り回されながら、かけがえのないはずの自分の子どもが、少しずつ自分の子どもではなくなっていくように感じた。

❖ばらばらになりはじめた家族

ヒラクが小学校五年生になったとき、しばらく落ち着いていた彼の様子が見るからにおかしくなった。学校から帰ると頭が痛いと言って、ご飯も食べずに寝た。なにもかもが面倒くさいとばかりに、投げやりな態度をとりはじめた。もともとちょっと変わったところがあるし、反抗期がはじまったのだろうと思った。しかし、どうもそうではなさそうなのである。

いつだったか、クラスメイトの親から妙なことを聞いた。子どもを叱るとびくびくし、そそくさと土下座をしはじめたというのである。その姿にいったいなにごとかと思い、よくよく聞いてみると、「日本の正しい謝り方」として、担任の先生が生徒に土下座を強いていることを知った。「連帯責任」と称し、生徒に互いの行動や言動を監視させ、問題があれば班全員が土下座をさせられた。教室は異様な雰囲気に包まれた。それでも子どもたちは互いに助け合い、かばい合った。親に知られると先生はもっとひどくなるから、黙っているように申し合わせたという。

ほどなくして教室でなにが起きているのか、保護者のあいだに知れわたった。だれしもが問題視した。何度となく話し合いがもたれた。しかし、なんの解決にもならない。教師を告発すると声を荒げる保護者がいれば、擁護する保護者もいた。擁護したのは教師をしている親だった。「教師は守られているから、なにをやっても無駄。意味がない」と言った。大半の保護者は「わが子だけよければそれでいい」という態度で、なりゆきを見守った。ついに耐えかねて、私立の小学校に転校するクラスメイトが出てきた。ヒラクとは幼稚園のころからの幼なじみだった。よほどショックだったのだろう。彼の態度はますますおかしくなった。結局、担任が替わることで、土下座騒動は一応の決着を見た。替わった理由は、担任が親の介護をするためだった。そして、新学年がはじまると、なにごともなかったかのように先生は学校に復帰した。たしかに教師は守られているのだと感じるしかなかった。

思春期のはじまりの時期であったことも重なり、この土下座騒動はクラスメイト一人ひとりに大きな心の傷を残した。ヒラクはヒラクで、このときを境にニヒリストになった。少し時期が早い気がしたが、それも仕方あるまい。子どもを絶望させるに十分な衝撃があったのだ。そして、一年生のときから参加していた地域の少年野球に、異常とも思える熱意で打ち込むようになった。これまでもヒラクは親より教師の言うことを信じる傾向があった。野球チームの監督に対してもそれは同じだった。先生や監督は絶対で、親は軽んじられた。話し合いをすればするほど、さらに心を閉ざしていった。心が不安定なせいなのか、顔がいびつになっていた。母親に対する反抗にはものすごいものがあり、二人の怒鳴り合いが毎日のようにあった。ぼくはぼくでヒラクと一言も口をきかなくなった。叱っても、話し合いをしても、なんの意味もないことに疲れてしまったのである。

家族のバランスはいつしかすっかり崩れてしまっていた。振り返れば、ヒラクが小学校に入学してからというもの、家族は少しずつ、少しずつ、バラバラになっていった。それはいまどきのごくありふれた家族の風景なのかもしれなかったが、なんとかしなくてはと思い悩んだ。子育てには積極的に参加してきたつもりでいたが、いいとこ取りをしているだけで、面倒なことや厄介なことはなんでも妻任せだったかもしれないとも感じた。家族とはいったいなんなのだろう。いっそうのこと離婚し、家族をバラバラにしてしまったほうがよほど気が楽だった。実際、子どもたちに妻との離婚を考えていると話したこともある。それを聞いたヒラクはハッとした表情を浮かべていた。

悶々とする日々がただこうして過ぎていった。

❖日本を離れる決意

　ヒラクが小学校六年生になったとき、中学校進学の手引きを持って帰ってきたことがあった。そのプリントに何気なく目を通していて、わが目を疑った。そこによく知っている人物が校長として挨拶文を載せていたからである。ぼくが中学校二年生のときの担任だった。その先生とはいろいろな因縁があった。ことあるごとに呼び出され、暴力的な言動を浴びせかけられた。素手や竹刀で殴られることもたびたびだった。わざと竹刀の弦があるほうでたたくものだから、一本の筋が青い痣となっていつまでも残った。

　劣等生でも不良というわけでもなかったが、反抗心が人一倍強いぼくを先生は目の敵にした。ぼくの父はなんとかしようと、先生を家に招いてはもてなした。父にしてみれば懐柔しているつもりらしかったが、事態はより陰湿になった。不良グループに命じ、襲わせるようになったのである。わが子を思う父のことを嘲笑っているかのようだった。「子どもは学校に人質としてとられているから、迂闊なことはできない」と父はよく言っていた。子どもたちが学校でなにか不可解な目にあうたびに学校に乗り込もうと思いつつ、これまでなにもできないできた。それもこれもこのときの父の姿が目に焼き付いているからかもしれない。学校のことでなんとかしようとしても、よくなることはないのである。勝ち目のない喧嘩のようなものだ。

　卒業したあとにたまたま先生と出会ったとき、「おまえのことをつぶさなかっただけでもありがたいと思え」と言い放ったのをよく覚えている。まるで蝿でもたたくような言いぐさだった。実際、教師の前ではぼくなど本当に小さな虫にすぎなかったのだろう。「はい」と答えるしかなかった。そんな教師が子どもたちの行くことになる中学校で校長をしている。いったいなんの因果だろう。絶望的な気分になった。その教師によってぼくが教育に対して感じた深い疑問を、土下座騒動を通じてヒラクもまた同じように抱きはじめている。そこになにか得体の知れない悪循環を感じた。なんとかそこから逃げ出したい。重苦しくのしかかるこの循環を断ち切るにはどうしたらよいのだろう。田舎への引っ越しを考えた。山村留学を考えた。私立中学への進学を考えた。しかし、こうした考えは、浮かんでは泡のように消えていった。どれもが無駄なあがきに思えた。問題は単に学校のことではない。もっと根深く、複雑なものだ。日本の社会全体や日本人の心に深く根ざした問題なのである。社会が大きな変化の渦中にあるとはいえ、目先を少し変えたぐらいでは、なんの解決にもなりはしないだろう。

ヒラクは真新しい制服を着て、中学校に入学した。中学校に入る前にはなんとかしたいと思っていたのだが、これといった妙案も浮かばず、時間切れになっていた。わが子が進学するという晴れがましい気持ちにはまったくなれなかった。当然のように野球部に入り、部活動に熱中した。朝早く出かけ、夜遅く帰ってくる日々だった。相変わらず心を閉ざし、口をきくこともなかった。それでいて当たり前のような顔をしてけっして安くはないユニフォームやシューズ、グローブなどをそろえるように言ってくる。監督に勧められたと、プロの選手が使うような高額のグローブを欲しがったこともある。家全体が野球に支配されている気がして、ぼくも妻も野球が大嫌いになった。

五月のある日、仕事の大先輩と渋谷にあるなじみのバーで飲みながら話しているとき、ふと日本を離れ、チェコに移り住もうと心に決めた。先輩も賛成してくれた。長いあいだくすぶってきた思いは、プラハという土地にすんなり結びついたのだった。

❖なぜプラハだったのか

アメリカでもなく、イギリスでもなく、フランスでもなく、よりによっていったいどうしてチェコだったのか。日本人からもチェコ人からも、それこそ会う人ごとに尋ねられた。世界地図に向けてダーツを投げ、刺さったところを選んだのではないか、どうもそんなふうに訝っているらしい。「日本のような経済大国から、どうしてわざわざチェコに住もうと思ったのですか」とたいていのチェコ人は尋ねる。そのたびに「チェコのおいしいビールが毎日飲めるから」と答えをはぐらかしてきた。そう言えば、たいていの人は首をかしげつつも納得した。それでいて、「チェコの教育がよいと思ったから」とたまに真顔で答えたとしても、みんな驚いた顔をして首を振るばかりなのである。日本に住むチェコ人は「教育は日本よりチェコのほうがいい」という人もいるが、多くのチェコの人たちは自国の教育が日本の教育よりもいいとはにわかに信じられない様子だった。日本の学校の先生のなかには、「日本の教育は世界でもっともすばらしい。チェコにまともな教育があるとは思えない」と言う人もいた。

はじめてプラハを訪れたのは一九八九年のことだった。当時はまだ「鉄のカーテン」の向こう側にある社会主義の国で、チェコスロヴァキアと呼ばれていた。国営出版社のスタッフと一緒に国中を回り、一冊の本をつくる機会に恵まれたのだった。このときプラハにある小学校を訪問した。国情を知るため、海外を取材するときは決まって学校をのぞいていたのである。同じころに訪ねたアメリカの小学校では授業中、教室をうろうろ歩いている生徒がいて、ずいぶんと驚かされた。当時、日本ではこうした学級崩壊はまだ顕在化していなかったが、校内暴力やいじめが社会問題になっていた。しかし、体制のちがいもあってか、プラハの小学校はなんとも平穏だった。子どもたちは礼儀正しく、授業中は積極的に手を挙げ、発言していた。先生も熱心に教えていた。日本の教育に対する疑念が深まるなかで、忘れかけていたこのときの記憶が蘇り、プラハに移り住もうと思い立たせたのかもしれない。

本来であれば、ぼくがある程度、言葉を理解している英語圏やフランス語圏の国を選んだほうがよかったはずだった。そのほうが生活する苦労は少なかっただろう。国際語である英語やフランス語を身につけたほうが子どもの将来を考えるとよかったのかもしれない。チェコ語を習得しても、将来の役に立つかどうかは微妙なものがある。それでもあえてチェコを選んだのだった。日本を離れるいちばんの理由は、崩壊寸前の家族の再生にあったからだ。一か八かの賭けだったが、不思議とうまくいくように感じていた。そのためにはみんな同じスタートラインに立ったほうがよいのではないかと考えたのである。言葉はその最たるものだった。ぼく自身、チェコ語はまったくわからない。その分、家族が協力し合えるのではないか。頭の柔らかい子どものほうが習得する速度は格段に速いだろう。だから、わからないほうがかえってよいのではないかと思ったのである。

マイナー言語であるゆえだろう、チェコの人たちは言語の達人ではないかと感じることが多い。英語やドイツ語、フランス語、日本語など、複数の言語を習得している人が少なくないのである。こうした環境に身をおけば、パーフェクトとはいわずとも、日常のコミュニケーションには困らない程度にマルチリンガルの能力を子どもたちは身につけるのではないか。そんな淡い期待もあった。

❖プラハ行きを告げた日

チェコで暮らすことを心に決めたからといって、実現するには数多くの関門や障壁がある。そのどれかひとつでもうまくいかなければ、計画は挫折せざるを得なくなる。家族をどのように説得するのか。子どもの学校はどうするのか。住宅ローンを抱える家はどうすればよいのか。そもそも暮らしていけるのか。チェコに移り住む考えを妻に告げたとき、彼女はすぐに賛成した。自然の豊かな田舎に引っ越すことには頑として首を縦に振らなかったこともあり、意外な感じがした。東京に生まれ育ったぼくには田舎にあこがれ、理想化しているところが少なからずあるが、地方を転々とした彼女はその閉鎖性や排他性を肌で知っている。田舎を拒むのはそのせいだった。

ツドイは大喜びで、一日も早くチェコに行くことを楽しみにしている様子だった。パパっ子の彼女はぼくに気兼ねし、そういうふうに振る舞っている面があったのかもしれない。ただ、パリをはじめ、ヨーロッパ各地を旅してみたいと、さっそく夢をふくらませているのはたしかだった。はじめ母は渋った。なぜ日本を離れる必要があるのか、合点がいかない様子だった。父を亡くしてまだ日が浅かったこともあり、ぼくにしても母を一人残すことはためらわれた。何度か会って話をした。そして、ぼく自身の仕事のこと、子どもの将来のこと、家族の問題のことなどを説明した。そのうちぼくが半ば強引に寄り切ったかたちではあったにせよ、応援してくれることになった。子育てのことで愚痴を言うたびに、いまの時代、子どもを育てるのはたいへんだろうといつも気遣ってくれる母だった。

問題はヒラクである。何度となく話し合いをした。しかし、話をしようにも、涙を止めどもなく流すばかりで、まともな話にならない。ただ一言、「行きたくない」と言うばかりだった。日本に残りたい理由はやはり野球だった。強くもない野球部のレギュラーの座さえ危ういというのに、相変わらずプロ野球選手を夢見ていた。「みんながチェコに行くのであれば、ぼくは野球が強い全寮制の中学校に転校したい」とヒラクは言い張った。そのような学校があるのかどうかは知らないが、もし行きたいと考えているのであれば、自分で探してみるといいと言った。そして、自分に実力があると思うのであれば、その学校の野球部の監督に手紙を書き、頼んでみれば道も開けるかもしれないと助言した。

そんなふうにヒラクの意志を尊重したいとぼくは思っていたが、妻はまだ行ってもないのになにがわかるのだと突っぱねた。野球に振り回され、妻は疲れ果てていた。子どものためによかれと思って家族を再生しようとしていたが、本当にそうなのか、自問することもたびたびだった。無理強いしてもはじまらない。ヒラクはどこかで見つけてきた分厚い学校案内を上の空で眺めていた。こうしたうねるような状況は、プラハに向けて旅立つ直前まで続いた。

❖シュタイナー学校って？　学校選びで悩む

チェコに移り住む準備を進めながら、すべては絵空事で、現実味を欠いているように感じていた。住まいをどうするのか。生活費はどれくらいかかるのか。学校はどのようなシステムなのか。外国人を受け入れる学校はあるのか。生活をするうえでの基本的な、ごく当たり前のことがなにもわからないからだった。

　チェコに住む旧知の人たちに、協力を求める手紙を書き送った。外国に暮らすという長らくくすぶっていた思いがプラハの場合だとしっくりいったのは、すでに多くの知り合いがいたことと、土地勘が十二分にあることが大きかった。しかし、ぼくの長い不在を物語るかのように、手紙はほどなく宛先不明で戻ってきた。そこでふとインターネットで検索したところ、何人かの知り合いを見つけた。カメラマンのヤンはその一人だった。さっそくメールを送ると、すぐに返事があった。まったく便利な時代になったものだと感じた。チェコ人と結婚し、長い間プラハに暮らしている日本人女性からも返事が届いた。同世代のヤンとは毎日のようにチャットをし、あれこれ尋ねては、疑問点を解消していった。聞きたいことは山ほどあった。だれでも知っているごく単純なこともあれば、どこかに問い合わせてもらわなくてはわからないこともあった。

　ヤンにはミクラーシュという一人息子がいる。ちょうどヒラクのひとつ年上だった。学校のことを尋ねると、プラハにある「ヴァルドルフ学校」に通っているのだという。聞いたこともない名前の学校だった。いったいどんなところか興味を示したところ、ヤンは学校生活のことを簡潔に教えてくれた。いまひとつピンとこなかったが、普通の学校とはちがう、ずいぶんユニークな学校らしい。このヴァルドルフ学校とはなんだろうと調べてみると、日本ではシュタイナー学校として知られている学校のことだった。それなら心当たりがある。短大の幼児教育課程に通った妻は、シュタイナー教育について学んでいた。ぼくはこの教育法の提唱者であるルドルフ・シュタイナーの本を何冊か読んだことがある。それは人智学と呼ばれる難解な神秘思想だった。

シュタイナー学校とはどういうところなのだろう。何冊かの体験記などを買って読んでみた。エポックという独自の集中授業を行なうことや教科書を授業で使わないこと、オイリュトミーという踊りの授業があることなど、シュタイナー学校のおおよその概略がおぼろげながらもわかってきた。共感できることもあれば、いまひとつなんだかよくわからないこともあった。読んだあと、文章に誇張や虚飾を感じ、いくばくかの違和感が残る本もあった。シュタイナーの本も再読してみた。学生のころはわかったつもりになって読んでいたが、むずかしすぎて頭に入ってこなかった。

こうした本を斜め読みしながら、シュタイナー学校について考えをめぐらせてみた。しかし、なぜか漠然としていて、相変わらず他人事に感じられた。それはぼくや妻が通った普通の学校とはあまりに異質で、いったいどのようなところなのか、想像さえできなかったからだろう。宗教的な印象もあったし、なにかに取り憑かれているような奇妙さもあった。ヤンの言っていることや、本に書いてあることから、なんとなくよさそうな学校だと感じつつも、どこか眉唾で、半信半疑でいたのである。それはプラハのシュタイナー学校を実際に訪問するまで続いた。

❖準備で訪れたプラハの変貌に驚愕する

二〇〇五年一二月、準備のため、プラハの地に降り立った。訪問は実に一三年ぶりのことである。記憶をたどりながら街を歩いたが、懐かしさを感じるよりも、街の変貌ぶりに戸惑うばかりだった。腰を抜かすほどの変わりようなのである。滞在中はプラハの中心からバスで二〇分のところに住むヤンの家に居候した。人口五〇〇人ほどの小さな村だった。村には教会とホスポダ（居酒屋）、それに小さな食料品店兼雑貨屋がそれぞれ一軒あるだけで、周囲には見渡す限りの草原と森が広がっていた。そこはぼくら家族がこれから住むことになる村でもあった。ヤンの奥さんであるマグダが一軒の貸家を見つけてくれたのである。真四角で、薄茶色の外壁。一九七〇年代に建てられた典型的な社会主義住宅だった。そっくりの家がチェコのいたるところにある。

ビザの取得を手伝ってくれる弁護士に会ったり、申請書類を集めたりしている合間に、シュタイナー学校に行ってみた。村には幼稚園はあるが、学校はない。このため村に住む子どもたちはバスで隣町の学校まで通っている。そこに通学するのが自然な流れかもしれないが、ヤンの勧めるシュタイナー学校も相変わらず気になっていた。珍しく、また目新しくもあったからだ。通学時間がだいぶかかると聞いていたので、村から実際にどれくらいかかるのか、途中危険なところはないのか、送り迎えをする必要があるのかなど、自分の足で確認しておきたかったのである。

バスと地下鉄を乗り継いで約一時間。地図を見ながら行ってみると、「ヴァルドルフ学校」という小さな看板を掲げるこぢんまりとした学校があった。日本の学校に比べ、これが学校なのかと思ってしまうほど小さな校舎だった。通学路で気になったのは横断歩道とエスカレーターくらいのものだった。チェコの信号は青の時間がびっくりするほど短く、半分も渡らないうちに赤になった。エスカレーターは身体がのけぞるほどに動きが速く、しかもステップより手すりのほうが先に動いた。

外からだけではどういう学校かよくわからなかったが、ほどなくして学校の中に入る機会に恵まれた。ミクラーシュのクラスで開かれるちょっとしたクリスマスパーティーに誘われたのである。クリスマス休み前の最後の登校日で、保護者も集まるという。教室に行くと歌詞カードを渡され、クリス

プラハの街並み

マスの歌をみんなで歌うことになった。問答無用でぼくにも渡された。一〇曲ぐらい歌ったあと、先生はクリスマスカードを生徒一人ひとりに手渡し、握手をし、抱きしめ、キスをしていた。その一部始終をあっけにとられて見ていた。日本の学校とはまったくちがう、なんともやわらかな雰囲気だった。

パーティーの合間、英語を受け持つマレク先生が学校を案内してくれた。各教室は壁に絵が描いてあったり、ポスターが飾ってあったり、なんの装飾もなかったり、それぞれちがうのが印象的だった。壁の色は教室ごとに異なり、卓球台のある教室もあった。語学の授業を受ける教室や、心を静めるためという部屋もあった。それぞれの教室に個性を感じた。おとぎの国に紛れ込んだような、なんだか不思議な第一印象を、ぼくはこうしてシュタイナー学校に対して持つことになった。

❖日本を離れた日、プラハに着いた日

三月の春めいた日のことだった。ビザ申請のため、家族を連れて東京・広尾にあるチェコ大使館に出向いた。社会主義の時代から、何度となくこの建物に足を運んできた。重たい雰囲気が漂い、気のせいか、いまも「鉄のカーテン」が目の前に立ちはだかっているように感じる。だからこそ、念には念を入れ、準備を進めてきた。直前に法律が変わって提出する書類が増えたり、些細な間違いを指摘されたりはしたが、膨大な量の申請書類は問題なく受理された。

領事の話ではビザが発行されるまで、二カ月から四カ月かかる見込みだという。ずいぶんと開きがある。いつになるかわからないものを待つのもつらい。出発日を決め、家族四人分の航空チケットを予約した。ビザの発給が遅れれば、ぼくが一人で東京に行き、代理で受領する覚悟だった。しかし、三週間ほどして大使館から電話があり、ビザの用意ができたという。予定よりも早かった。ここに来るまで長い道のりだったこともあり、なんだかあっけないほどだった。

日本を発つ日、弟と二人の友だちが成田空港まで見送ってくれた。ぼくは子どもとペットの犬を、妻はウサギを連れ、別の飛行機でプラハへと向かう。犬とウサギを同じ飛行機に載せられないからだった。入国審査のため、出発ロビーへ降りていく直前のぼくら三人の写真がいまも手元にある。友だちの撮ったその写真はピントがぼけ、写りも鮮明ではないが、忘れられない一葉だ。ぼくは引きつった笑いを浮かべている。悲壮ではあるが、妙にさっぱりとした奇妙な表情だ。ヒラクは少し不安そうで、ツドイはおどけて笑っている。飛行機で隣の座席に座る子どもたちの姿を見ながら、まだ小さかったころ、自転車に乗せてあてどもなく遠くまで行ったことを思い出していた。犬とウサギまで連れ

て行くなんて、大韓航空の空色の機体がノアの方舟に見えてきた。

プラハに着いたのは夕方のことだった。時差の関係で、日付のうえでは出発日と同じ日のうちに着く。忘れもしない二〇〇六年四月十五日のことである。空港に集まった出迎えの人びとに、これから住む村の村長ヴラディミール、ヤンの奥さんのマグダ、それに鍛冶屋のフィリップの顔が見えた。握手をして、再会を喜ぶ。一時間ほど早く先に着いていた妻の姿もあった。気がかりだったウサギは無事で、検疫では「このウサギは食べるのか」とだけ聞かれたという。日本から生きたウサギを食べるために連れてきたと思ったらしい。ヴラディミールの運転するクルマに乗り、村へ向かった。二〇分ほどで新しい家に着く。そこがプラハでのぼくら家族の家だった。ツドイはわれ先に家の中へと駆け入り、部屋の様子を偵察している。下見に来たときはがらんとして、よそよそしかったこの家も、家族がそろった瞬間、ぬくもりを持ちはじめた。不思議な感じがした。日本だろうがチェコだろうが、家族は家族で、なんの変わりもない。家族のいるところが家だった。

チェコに着いた翌日はイースターのお祭りだった。一日目は準備に追われ、二日目は村の家々を門付けして回る。チェコのイースターは、春の訪れを喜ぶ、ちょっと変わった祭りである。なにが変わっているかといえば、八本の柳の木で編んだ鞭で女性のお尻をたたくのである。たたくと女性は若返り、健康になると信じられている。そのお礼に女性からはお酒がふるまわれ、独特の模様をつけたゆで卵や羊のかたちのお菓子などが配られる。なんとも素朴なお祭りだ。

祭りの当日、ぼくはヒラクと一緒に一日かけて村中をゆっくり回った。門付けする家の前で村長のヴラディミールを中心とする楽隊が音楽を奏でる。すると家からふるまい酒を持った女性がうれしそうに出てくる。門付けした先々で村長はぼくらのことを紹介してくれた。みんな歓迎してくれ、村の人たちと挨拶を交わすにはまたとない機会となった。妻とツドイは卵にどのようにして模様をつけるのか、村の女性たちに習ったりしていた。こうして過ごしたチェコに対する妻や子どもたちの第一印象は、日本となにも変わらないということだった。家族で来たからだろうか。村の人たちが温かく見守ってくれているからだろうか。外国に「移住」したというよりは、近くの町に引っ越したくらいの軽い気持ちがどこかにあった。ぼくら家族が右も左もわからない外国での暮らしをはじめるにあたって、それはなににもまして恵まれたスタートラインだったはずだ。

❖学校が決まるまで

ぼくらの住むことになった村はプラハの中心部までほど近いにもかかわらず、家の前にリスやシカが遊びに来たり、庭木にフクロウがとまったりする、自然の豊かなところだった。日本から連れてきた犬がはじめて見るハリネズミに驚いて噛みつき、口の中から血を流すなんて騒動もあった。高層マンションに囲まれていた日本での暮らしが信じられなかった。

隣の町までは五キロぐらいにわたって続く森に囲まれた道があり、朝起きると、子どもと犬と一緒に、散歩に出かけた。三時間くらい、ゆっくり、のんびり歩く。歩きながら、子どもたちととりとめのない会話をした。ヒラクとこんなふうに話しをするのは、本当に久しぶりのことだった。小学校に入るとすぐ、土日は野球をするようになったから、幼稚園のとき以来かもしれない。自転車に乗りながら、幼稚園で起きていることなどを聞き、習った歌を一緒に歌ったものだ。木立の散歩道を歩きな

隣町まで続く森の木立を散歩するヒラクとツドイ、甲斐犬のシン

がら、ヒラクが少しずつまた心を開きはじめているように感じた。顔から険しい表情が消え、笑顔も見せるようになっていた。

当初、チェコの新学期に合わせ、九月から学校に通えれば、と漠然と考えていた。それまではチェコ語を中心に家で勉強しつつ、学校側との入学交渉を進める。言葉がまったくできない子どもを受け入れるのは躊躇するだろうから、少しでもチェコ語がわかるようにしておきたかった。それまでは、長い春休みを子どもと一緒に楽しめばいいだろう。ぼくも仕事の予定はまったくなく、その代わりさまざまな手続きに翻弄されていた。ただでさえ勝手がわからないというのに、旧態依然としたお役所仕事で、一筋縄にはいかない。かつてこの国を支配していた社会主義の名残としか思えなかった。何度も無駄足を踏んだ。

そんなのんびりした時間を過ごしていた日のこと、村からプラハに向かうバスの中で村長の奥さんヴラジャに声をかけられた。

「子どもたちの学校はどうするつもりなの？　村の子どもはみんな隣町の学校に通っているわ。よかったらすぐ紹介するわよ」

笑みを浮かべてはいたが、言葉の調子には問いただすような厳しさがあった。たとえ外国人ではあっても、学齢期の子どもが日中ふらふらと遊んでいるのは、やはり奇異に映るようだ。ヴラジャにはヤンの子どもが通っている学校に通わせるつもりだが、もし入学できないようであれば、村長に頼み、隣町の学校に入れようと思っていると説明した。彼女はその話に安心したようで、必要なときはすぐ連絡するようにとのことだった。まだ来て一週間も経っていないときのことである。九月から行けばいいと考えていたが、あまりのんびりもしていられないと感じた。ほかにも何人もの村の人から子どもの学校のことを尋ねられた。ぼくが子どもの教育を放棄しているとでも思ったようだ。子どもたちにしても一日も早く学校に行けるのを心待ちにしている。学校と友だちがなによりも大好きな二人は力を持て余し、早くも爆発寸前だった。

❖開放日にはじめて訪れた学校

本当のことをいえば、子どもたちがプラハに着いたらすぐ学校に行ければよかったのだろう。準備のためにプラハを訪れたとき、学校の入学手続きが終わっていれば、それもできたはずである。しかし、ビザの見通しは立っておらず、プラハでの生活をはじめられるかはまだ不透明だった。学校を見学するだけで精いっぱいだったのである。

そんな矢先、ヤンからシュタイナー学校で開放日があるから、のぞいてみたらどうかとの連絡があった。開放日は年に数回あり、エポックの授業を参観したあと、先生による説明会があるという。子どもたちは学校に行きたくてうずうずしている。通う予定にしている学校を見せるだけでも心が落ち着くかもしれない。なんの準備も心づもりもしていなかったが、とにかく行ってみようということになった。妻と子どもたちにとって、はじめての学校訪問である。よほど楽しみなのだろう、ツドイは目覚まし時計をかけ、早起きしようとしていた。

校舎の大きな木の扉を開けると、ちょうど説明会がはじまる時間で、屋根裏部屋にある美術教室に案内された。ヤンの連絡では一〇時からのはずだったが、八時三〇分にはじまるエポックの授業はすでに終わり、残念ながら参観することはできなかった。教室には合わせて五組の家族が居合わせた。説明にあたったのはナジャ先生で、副校長だと挨拶していた。クリスマスのときに会った英語のマレク先生も来て、ぼくらの世話をしてくれた。ぐるりと輪になって座り、まずは簡単な入学案内があった。プラハに何カ所かあるシュタイナー教育による幼稚園からの入学が中心となっていること。幼稚園の数は多いがシュタイナー学校はプラハに二カ所しかないため、毎年およそ四～五倍の倍率になっていること。テストはなく、子どもと親の適正によって入学を決めていること。集まった親たちは、少し気取った感じで話すナジャ先生の言葉を聞き入っていた。

そのあと質疑応答がはじまった。話に耳を傾けていると、子どもが学校でうまくいかず、転校を希望している家族が、受け入れ先の学校を探している様子だった。不登校や落ちこぼれ、あるいはいじめなど、それぞれ深い理由がありそうだ。苦悩に満ちた表情がそれを物語っている。こうした状況は日本もチェコもとくに変わりはなく、いまや世界共通の問題なのだろう。かといって、シュタイナー教育についてほとんどなにも知らないようだった。そのせいか、ナジャ先生はカリキュラムがちがうため、一般校からの転入はきわめて例外的だと釘を刺した。

ヒラクとツドイが日本で通っていたのもごく普通の公立校で、シュタイナー教育の経験はまったくない。ぼくも妻もシュタイナー教育の理念を理解しているとは言い難い。これでは入学が認められるのはむずかしいかもしれないと感じた。この日、校長先生と面談し、入学の相談をする手はずになっていたが、あいにく急用ができたらしく、不在だった。マレク先生があとから電話をしてきて、明くる日、ふたたび出直すことになった。

話が急に動き出した。

❖シュタイナー学校を選んだ理由

開放日に学校を訪ねた帰り、ツドイとヒラクを連れ、プラハ動物園に出かけた。ヴルタヴァ川沿いにあるこの動物園は、自然の地形をうまく活かした展示が特長で、崖にヤギがいたり、広い草原にキリンやシマウマがのんびりしている。かなり広く、散歩にはうってつけの場所だ。プラハでもお気に入りの場所のひとつで、いつでも行けるように家族向けの年間パスを持っている。歩きながら学校の感想をなにげなく聞いてみた。ほんの少し見ただけで、感想もなにもないかもしれなかったが、ツドイは「カワイイ」と何度も口にした。少なくとも第一印象は悪くはなく、むしろよいのではないかと感じた。彼女のボキャブラリーで「カワイイ」は最大の賛辞である。ヒラクもよい印象を持っているようだった。

子どもたちの通う学校には、シュタイナー学校、隣町にある学校、日本人学校という三つの選択肢があった。最初に消えたのは日本人学校だった。学校を断ち切るために日本を離れたのに、日本人学校に通ったのでは元も子もない。人間関係は日本の学校よりもさらに濃そうだ。しかも、学費は思ったよりもかなり高い。ただ、二人が現地校に適応できないとしたら、日本人学校に通うことになるかもしれないと頭の隅においてはいた。

日本では歩いて一〇分たらずの通学時間だった。しかし、シュタイナー学校へはバスと地下鉄を乗り継ぎ、一時間はかかる。途中、危険な場所はないにしても、不慣れな外国での通学は楽ではないだろう。だから隣町の学校も気になっていた。普通校といえども、言葉がまったくわからない状況に身をおくだけで、大きな刺激になるはずだ。そこからどのように這い上がってこられるのか。ぼくはとにかく日本の教育システムから子どもたちを切り離したうえ、そんなショックを与えたかったのである。村長が口添えをしてくれたら、隣町の学校にはおそらく問題なく入れるだろう。ある程度は目をかけてもらえるかもしれない。しかし、「日本も同じだろうけど、チェコの学校にはさまざまな問題がある。シュタイナー学校は別だ。先生も熱心」とヤンが言っていたことが頭から離れないでいた。同じ世代の子どもを持つ親の言葉として、嘘などあろうはずはなかった。ヤンはチェコの学校が抱えている問題について、具体的にはなにも言わなかったが、想像はつく。

こうしたことから考えていくと、シュタイナー学校が自然と第一希望になっていった。学校を選んだ理由は消去法ではあったが、いろいろ考えたり、体験記などに目を通したりしているうちに、シュタイナー学校の自由な雰囲気はヒラクとツドイにピッタリではないか、日本の学校では抑えられがちだった二人の持ち味がうまく伸びていくのではないか、と思うようになっていた。最初それは漠然としたものだったが、いつしか確信に変わっていた。イメージを多用するシュタイナー教育は、外国で学ぶにあたり、言葉のハンディを乗り越えやすいかもしれない。だからといって、実際どのような学校で、どのような授業をするのか、まったくの未知数だった。とにかく校長先生に会ってみて、だめなようなら村長に頼んでみよう。子どもたちにそう説明すると、二人は納得した様子だった。

❖校長先生との面談と義務教育の意味

意志の強そうな女性、それがハナ校長先生の第一印象だった。教育に高い理念を持っているらしいことは、言葉の端々に感じられた。それはシュタイナー教育の考えによるものというよりは、もっと普遍的なもののようだった。校長先生の机を囲み、ぼくと妻、二人の子ども、それに英語のマレク先生と日本人の友人が並んで座った。チェコ人に嫁いだその友人は社会主義の時代からプラハに暮らし、二人の子どもを育ててきた。当然、チェコの学校の内情にも詳しい。大切な話し合いになるので、同席を頼んだのだった。

日本人が転入を希望していることは、マグダからすでに伝わっていた。以来、日本人の子どもを学校に受け入れるかどうか、校長先生は考えをめぐらしてきたはずだ。学校に外国人が入学を希望するのははじめてというわけではなかった。ドイツ人やグルジア人も学んでいるが、いずれもチェコ生まれだったり、両親の一方がチェコ人だったりして、言葉に不自由はなかった。しかし、いま目の前に

開校15周年の式典で、来賓を案内するハナ校長（左）と英語のマレク先生（右）

座っている日本人の子どもは、まったくチェコ語ができない。校長先生は、マレク先生に英語で質疑応答するように指示した。ちょっとした英語のテストである。「何歳ですか」「趣味はなんですか」といったごく簡単な質問で、しかも非常にわかりやすく、ゆっくり話してくれるのだが、中学校で一年間英語を学んだヒラクも、小学校でＡＥＴ（英語補助教員）から月に何度か英語を習っていたツドイも満足に答えられない。日本はアメリカと深い関係があり、日本人はみな英語が流暢に話せるのだろうと想像していた節のある校長先生は頭を抱えた。

「言葉のできない生徒が教室で学んでいる。その情景を想像することができないのです」

ハナ校長先生はつぶやいた。最初の三カ月は苦労し、一年はまったく進歩がないかもしれない。子どもたちはそれに耐えられるのか。親はそれでもよいのか。心理的な問題にも容赦なく突っ込んできた。さらにチェコの法律の問題、学校の受け入れ態勢の問題、日本の教育制度の確認、ビザを取得しているかなど、あらかじめノートに記していたチェックリストをにらみながら、先生は一つひとつ確認するように尋ねてきた。

とくに印象的だったのは、義務教育についての考えだった。日本では、学齢期の子どもに教育を受けさせる義務がある、と憲法が規定している。しかし、チェコの義務教育には別の意味合いもある。チェコの子どもはチェコの義務教育を受ける必要があるというのだ。ドイツのような大国と隣接し、ドイツの保護領になったこともあるチェコのたどってきた歴史が見え隠れする制度である。もし子どもが国外で過ごす場合、チェコの義務教育と同等の教育を受けているか、二年に一度、試験を受けなければならない、とハナ校長先生は言う。日本にも同様の制度があるはずだと先生は問いただす。「ない」との返事に、にわかには信じられないとの表情を浮かべた。なるほど数学や化学、外国語などは世界共通の部分がほとんどだろうが、国語や歴史は国ごとに異なる。外国で教育を受ければ自国についての知識がなおざりになる可能性があるのだ。

先生の口調は終始穏やかだったが、厳しさもあった。ほかの先生と意見交換をしたり、関係各方面に問い合わせをしたりしたうえで、入学を認めるかどうか決めるという。このため、一週間後にもう一度、話し合いをすることになった。認められるかどうかは五分と五分の感触だった。

❖テスト生として入学する

あっという間に一週間が経ち、ハナ校長先生との二回目の面談のため、シュタイナー学校に向かった。途中、プラハ城下に広がるマラー・ストラナ地区の教会に立ち寄った。キリスト教徒というわけではないのだが、この教会は幼児キリスト像で有名な古くからの巡礼地で、願いをかなえることで知られる。困ったときの神頼みというわけだ。

校長室の前に座り、先生が来るのを待っていると、登校してきた子どもたちが日本人の家族を不思議そうな顔で遠巻きにしていた。そして、ひそひそと、新しい転入生のことを噂し合っている。その様子をツドイはうれしそうに見ていた。階段を上ってきたハナ校長先生はぼくらが先に来ていることに気がつくと、慌てて校長室の鍵を開け、中へと招き入れた。先生は前回の面談で抱いた疑問について、関係各方面に問い合わせをしたという。言葉のわからない授業を受けることに対する子どもへの影響を、心理学者にも相談していた。こうした問い合わせ内容やその結果について、先生は一つひとつ丁寧に説明していった。日本の教育制度についても、再度説明が求められた。学校には言葉のできない外国人を受け入れる準備が整っていないなど、問題は少なくないという。入学を認めるか認めないかの単純な回答だと思っていただけに、説明を聞きながら、なぜ認められないのか、その理由を納得させようとしているのだろうと感じた。

そんな話がかれこれ一時間は続いた。重たい空気が校長室に澱んでいた。子どもたちも疲れた表情を浮かべている。そんなとき、ふと一呼吸をおいたハナ校長先生は、「ヒラクとツドイをシュタイナー学校の生徒として受け入れることにします」と微笑みながら言った。なんともホッとした瞬間だった。ただし、最初の一週間はテスト期間として、午前中、エポックだけ出席する。一日中、言葉のわからない教室にいたら、子どもたちが疲れてしまうだろうとの配慮からだった。登校時には親も毎日、同伴し、学校と家庭での子どもの様子を校長先生と報告し合う。さらに今学期中はゲストとして迎え、終日、授業を受ける。週一回ずつ校長先生と親の面談を行ない、問題点を洗い出していきたいとのことだった。

転入するクラスはツドイが四年生、ヒラクは七年生だった。言葉の問題があるので、二人とも一学年か二学年下げたクラスに入れればと希望していた。ツドイは一学年下がったが、ヒラクは日本と同じ学年だった。男の子を落第させるのは心理学的に問題がある、と校長先生は判断していた。チェコでは日本と同じ、六歳から小学校に入学するのが基本だ。しかし、成長が遅れている、なにがしかの不安材料があるなどの理由で、一年間、親の意志で入学を遅らせることもできる。その場合、医師と精神科医の診断書の提出を求められる。かといって厳密なものではなく、両親の希望さえあれば診断書は簡単に発行されるのだそうだ。このように入学を遅らせるのは特別なことではなく、どの学校のクラスにも五人に一人程度の割合でそうした生徒がいるという。逆に一年入学を早めることもできるが、例外的で、早めてもまずうまくいかないのだそうだ。

❖入学の条件

学校に行ける！　そう聞いた途端、ヒラクもツドイも顔をほころばせていた。待ちに待った学校だ。入学できる学校がシュタイナー学校であろうとどこであろうと、子どもたちにとってそれほど大きな問題ではなかったのかもしれない。学校に行けること自体が大きな喜びだったのである。ただ、この学校はとてもよさそうだ、行けることになってよかったと感じているのはたしかなようだった。それはぼくにしても妻にしても同じである。

ビザを取得したときと同じように、受け入れ先の学校を見つけるのはかなり難航し、時間がかかるだろうと踏んでいた。新学期の九月を入学の目安にしていたのはそのためだった。最悪、いくつかの学校をたらい回しにされる事態も想定していた。思いのほかすんなり決まったのは、マグダがぼくらのことをあらかじめしっかり話してくれていたからにほかならない。言葉のわからない日本人がふらりと学校を訪れ、入学を希望したとしてもどうにもならなかったはずだ。

学校に通うのは二週間後の五月二十二日からになった。七月から夏休みに入るので、実質一カ月と少ししかない。もっとも今年度はあくまでゲストという立場での入学であり、六月末に渡される成績表もゲストとしてのもので、正式のものではないと念を押された。このテスト期間中、学校側が受け入れは困難だと判断する可能性もある。逆に問題なく過ごせば、正式に入学が認められるはずだった。

ハナ校長先生はまだ小さなツドイはなんとでもなるだろうが、中等部に進むヒラクについてはさまざまな不安を感じているようだった。言葉がわからなくては、むずかしくなる一方の授業についていけないのではないか。思春期を迎えたクラスメイトの仲間入りをするのはむずかしいのではないか。教える先生の立場ではなく、あくまで生徒の視点に立って問題をとらえようとする姿勢は新鮮だった。面談中、ハナ校長先生は、何度となく、「学校の改革」と独り言のようにつぶやいていた。日本人を受け入れることで、学校を変えるきっかけにしたいと考えているようだった。なぜ変える必要があるのか、気持ちのどこかで引っかかるものを感じた。

ひとつだけ入学を認めるにあたっての条件があった。もちろんチェコ語の勉強である。言葉ができなくては先生の言っていることはわからない。クラスメイトともコミュニケーションが図れない。語学学校の集中授業に通い、さらに個人授業も受けるようにとハナ校長先生は言う。とにかく毎日、勉強するようにとも念を押す。そうすれば九月に新学期がはじまるまでには、おおよそ不自由なくチェコ語を話せるようになるとハナ校長先生は期待している様子だった。とても無理だとは思ったが、とくに反論はしなかった。

なにか質問はあるか、とハナ校長先生は最後に子どもたちに語りかけた。口を開いたのはツドイだった。そして、「給食はいつから食べられますか」と尋ねた。予期もしていなかった質問に校長先生は大笑いし、すぐに食べられるようにすると言った。ツドイは照れ笑いをしながらも満足そうだった。

第3章
生徒が主体的にかかわる授業

❖ろうそくに火をともし、詩を朗読

プラハのシュタイナー学校では、朝礼もホームルームもない。その代わり、授業がはじまる前、先生はろうそくに火をともす。このろうそくはアロマ入りで、教室には次第にかすかな香りが漂いはじめる。その火を見つめながら、生徒一人ひとりがそれぞれちがう詩を、静かに唱えていく。教室にゆらめくろうそくの光は、はじめのうち、なんだかとても神秘的な印象があった。

「人は苦しいときでも、幸せを感じられます。それが人の心です」

ツドイの順番がやってくると、彼女はそう唱えた。アンゲルス・シレシウスという、十七世紀ドイツの詩人が書いた詩を担任のヤナ先生は選び、ツドイに与えていた。詩には生徒が克服すべき課題やテーマ、目標などが込められ、一年を通じてその意味を考えながら、自分を見つめ直すきっかけとする。この詩は学年末、通知票と一緒に渡される。厚手の色紙に万年筆で丁寧に書かれ、蜜蠟クレヨンで描いたフォルメンと呼ばれる独特の幾何学模様が添えられる。先生からの寸評であり、メッセージであるといってもいい。

学校に通いはじめた当初、言葉が満足にできないツドイは、学校に来ること自体、苦痛なのではないかとヤナ先生はずいぶん悩み、苦しんでいる様子だった。何度となく話し合いの場がもたれ、そのたびに先生は言葉のわからないツドイが授業中、教室に一人ぽつんと座っていることがとても想像できないと嘆いた。そんなツドイを励まし、くじけないでほしいと、先生はこの詩を通じて呼びかける。毎日、暗唱しながら、ツドイは先生のその声を心のなかで聞き、感じ取る。当のツドイはあっけらかんとしたものだったが、一度も口にはしなかったものの、ずいぶん苦しい時期があったはずだ。そのころ書いたエポックのノートを整理していたとき、「SOS」とだけ色鉛筆で大きく書かれた一枚の画用紙が出てきた。幼いころから言葉にならない感情を絵に託してきたツドイの心の叫びだったのだろうと気づき、目が潤むのを感じた。

詩の暗唱が終わると、先生は小さな鈴を鳴らす。教室がざわついていては聞こえないほど、小さな音色だ。こうして生徒の心が落ち着き、集中したのを見計らったうえで、先生は一時限目のエポックの授業をはじめる。九年生ともなると、ろうそくをともしたり、鈴を鳴らしたりはしなくなるが、詩の暗唱は続けられる。ただし、一人ひとりに与えられる詩ではなく、クラス全体の詩となる。その詩は、「静かに集中します。これは私の支えとなります」と結ばれている。

ろうそくの火も、詩の朗読も、そして鈴の音も、その一つひとつが集中して勉強するための入り口なのである。先生たちは生徒が集中していなければ、授業をする意味がないとさえ考えている。これはシュタイナー学校では教科書を使わずに授業をすることと深く関係しているようだ。先生が紡ぎ出す言葉を聞いて生徒一人ひとりが頭の中でイメージを喚起し、それを目いっぱいにふくらませ、自分の教科書をつくっていく。しかし、先生も生徒もきちんと集中して授業に取り組まないと、先生の描こうとするイメージが生徒にうまく伝わらない。断片的で、中途半端なものになりかねないのである。このため、授業中、生徒の集中が途絶えると、先生の判断で授業を中断し、散歩に出かけたり、スポーツをすることもある。それほど集中力を重視しているわけだが、生徒の集中力ばかりではなく、先生にも高い集中力が求められているところに、シュタイナー教育らしさはあるように感じている。

❖教科書を使わない授業

学校に通うようになってからというもの、ヒラクにとってもツドイにとっても、毎日は驚きの連続だった。しかもそれは次になにがあるのか予想もつかない、新鮮な驚きばかりである。それは親にとっても同じだった。当初、言葉がまったくわからない教室に身をおくだけの日々だったが、それでも驚きは隠せない様子だった。帰宅すると、ときに興奮気味に、ときに当惑気味に、学校であったことをあれやこれやと話すようになった。毎日、子どもたちが帰ってきて、学校の話を聞くのはなによりの楽しみだった。話を聞いたぼくも妻も一緒になって驚いたり、戸惑ったり、怒ったりした。その多くは、しかし、シュタイナー学校だからというよりは、チェコと日本の習慣や文化のちがいからくるものだった。二人にとって、住み慣れた日本を離れ、外国の学校に通うことだけでも大きな衝撃だったのだろう。ぼくにしてみても、驚きや戸惑いがシュタイナー学校の独自性によるものなのか、チェコと日本のちがいによるものなのか、最初のうちはよくわからなかった。

たしかにシュタイナー学校のカリキュラムは、一風変わったものだった。毎日、エポックと呼ばれる授業ではじまることや教科書を使わないこと、一クラスが二〇人程度の少人数制であること、オイリュトミーという創作ダンスのような授業があること、なにかモノをつくる授業が多いことなど、ちがいはたくさんある。こうしたなかでもシュタイナー学校の授業の特徴といえるのは、教科書を使わないことに尽きるだろう。日本のように国が検定した教科書はもちろん、シュタイナー学校で共通して使用する教科書もない。教科書がないということは、なにを、どのように、どこまで教えるか、その指針となるものを教師が持っていないことを意味する。教科書を使わずに、教師はどのように教え

新１年生の机の上に置かれたノートと蜜蠟クレヨンのセット。これで「自分の教科書」をつくっていく

るのか、そして生徒はどのように学ぶのか。教師によるその試行錯誤の連続が、まさにシュタイナー学校の授業そのものだといっていいだろう。どのような授業を展開していくのか、その舵取りはすべて教師に委ねられているのだ。

教科書を使わない授業がいったいどのようなものなのか、それがなにを意味するのか、それこそ小学校に入学してから大学を卒業するまで、いつも教科書が身近にあったぼくには想像もつかなかった。教科書は先生と生徒の媒介役だった。多少、教科書から脱線した授業をする先生もいれば、ただ教科書を棒読みするだけの先生もいたが、基本的に授業はいつも教科書に沿って進んでいった。たとえ授業を上の空で聞いていても、教科書をきちんと見直しさえすれば、テストで悪い点数をとることはなかった。

学校と教科書は密接に結びついている。その教科書のない学校なんて、なんと自由な世界だろうと想像した。しかし、実際シュタイナー学校に子どもたちが通うようになると、教科書を使わない授業は教師の本当の力量が問われるとともに、生徒もきちんと集中して授業を受けることが求められる真剣勝負になることがわかってきた。

❖忘れることを前提としたエポック

およそ一カ月単位で一つの科目を学ぶエポックをどのような順番で進めていくかは、担任の先生が年間の予定をあらかじめ考えている。一つの科目のエポックが終わると、また別の科目のエポックがはじまり、それまでの科目はまったくやらなくなってしまう。それはどの科目でも変わりはない。やらないブランクが短いこともあれば、長いこともある。その間合いの取り方、エポックの期間、次にどの科目をやるかは、理解度や集中度など、生徒の状況に応じ、先生がフレキシブルに判断し、変えていく。

毎月開かれる父母会ではエポックの授業についての報告がまずあり、子どもたちがなににつまずいているかなどが議題に上る。理解が遅れている生徒がいれば、エポックのノートをもとにして勉強を見るようにと促される。次のエポックになにをするのか、そのポイントがなんであるかも父母会で説明される。親もエポックの授業に参加することが求められているのだ。

ぼくも妻も、最初のうちは子どもたちが学校で受けてきた授業をできるだけフォローしようとしたが、なかなかうまくできなかった。エポックのノートが教科書であることは頭ではわかっている。しかし、それはぼくらが知っている教科書とはまったくちがうものだった。ノートを見て一緒に予習復習しようにも、なにを学んでいるかを知るのが精いっぱいだった。このためなにか具体的な質問があれば答えるようにした。それはクラスメイトのほかの親も似たような状況らしかった。

普通、学校の授業では公式や年号、人名、漢字など、授業を通じて多くのものを覚えていく必要がある。学習する内容をしっかり覚えなくてはならない「記憶型」と呼ぶべき授業といってもいいだろう。だからこそ、毎日こつこつ勉強することが大切だと先生からも親からも諭される。学んだことをきちんと覚えているかどうかのテストがあり、その結果にもとづいて成績がつけられる。

しかし、シュタイナー学校で導入されているエポックは、その逆に「忘却型」というべきものである。集中して理解したものを、間をおくことで忘れさせる。実際、一つのエポックが終わると先生は子どもたちに「いままでやっていたエポックのことは忘れて、次のエポックに集中しましょう」と言う。子どもたちが忘れてしまうことを前提に授業をしているのだ。授業中もなにかを覚えておくようにとは言われないし、覚えたかどうかを確認するためのテストもない。忘れていくなかでも、本当に大切なことや興味深いことなどはしっかりイメージとして記憶に刻み込まれる。自分自身のなかでイメージがきちんとできていれば、次にそれがテーマとして出てきたときに、思い出すことができる。大切なのは、ずっとそれを忘れないようにすることではなく、いかに思い出すことができるかである。それがエポックの基本的な考え方であり、ねらいなのである。

イメージをしっかりと子どもたちに伝えなくてはならないエポックを教える側は、授業の内容に対する深い知識と理解が必要とされる。エポックを教えるのは五年生までは担任の先生で、六年生からは担任の先生のほかに、専門の先生も授業を受け持つようになる。大学で医学を学んだツドイの担任ヤナ先生は、ほかの学年のエポックで生物を教えることがある。また、ヒラクの担任ビエラ先生は数学を、校長のハナ先生は化学を、それぞれ担当している。シュタイナー学校の高等部からも専門の先生が教えに来るほか、大学教授のサム先生が物理のエポックで教壇に立つ。学校に通って半年も経つころになると、最初に感じていたエポックの授業に対する不安が、危惧にすぎないものだと感じるようになった。ツドイがあれほど苦手だった算数も、少しずつよくなった。必死に覚えて忘れていくよりも、人は物事を忘れるのだということを前提にしたほうが、ヒラクとツドイを見ている限り、かえってしっかり身についているようなのである。忘却こそ、人間の根源的な性質だからだろうか。逆転の発想といってもよいのかもしれない。

❖イメージで学ぶ歴史

黒板全体を使い、ヨーロッパの地図が大きく描かれている。古代ローマ帝国の歴史を学ぶエポックの一コマだ。白のほか、赤や黄、緑などの色チョークを使ったこの地図を通じ、ローマ帝国がどのようにその勢力を広げ、そして衰退していったのか、ヤナ先生は歴史の大きな流れを生徒にイメージとしてつかませようとしている。生徒がわかりやすいように、まだ成立していなかったボヘミア王国（チェコの前身）の位置も地図上に示してある。

古代ローマ帝国は、ヨーロッパの歴史を考えるうえで欠かすことのできない存在だ。それはチェコの歴史でも同様だろう。ヨーロッパの礎といっていい。おのずと先生の力も入る。しかし、およそ一五〇〇年もの長きに渡って続いた古代ローマ帝国の歴史を一括りでイメージさせるのは、たやすいことではない。細かく描写すればきりがなく、かといっておおざっぱに描くには壮大すぎる。イメージといっても、映像を見せるわけでなければ、漫画にするわけでもない。生徒一人ひとりの頭の中に生き生きと描かせるのである。

イメージを的確につかませるには、特徴的なディテールが鍵となる。古代ローマ帝国の言葉であるラテン語からエポックがはじまるのは、言語が歴史を知る鍵のひとつであるからである。ノートの一ページ目には、ラテン語の格言がＡＢＣ順で並ぶ。格言を通じてラテン語に親しむとともに、古代ローマ帝国の人びとの考え方や感じ方を知るのがねらいだ。アレキサンダー大王やシーザーなど、当時の重要な人物についてもスポットを当て、掘り下げていく。

小学校六年生の授業なのでローマ帝国の大枠が伝わればそれでよさそうなものだが、日本で使われている高校生向けの世界史の教科書よりも細かく、深い内容まで教えている。それでも生徒は音を上げることはなく、興味を持って授業を受けていた。それも映画でも見るかのように歴史を描き出しながらも、授業に出てくる年号や人名、地名などを記憶することは求められていないからだろう。覚えなくてはいけないとすれば、楽しい授業も一転、苦痛に満ちたものになる。あくまで歴史の流れがつかめればそれでよいのだ。

授業のまとめとして、南フランスにある世界遺産「ガール水道橋」を、クラスメイト全員で大きな紙に描くことになった。ローマ時代につくられたこの橋は、三層のアーチのうち最上段が水路で、下二段は人が通行できるようになっている。当時の人びとが高度な建築技術を持っていたことが一目でわかる、古代ローマ建築の傑作だ。この美しい橋をどのように描くかをめぐっては、クラスが対立してしまった。このため途中から二組に分かれ、それぞれ別に描くことになった。こうしてガール水道橋そのものを大きく描いた絵と、ガール水道橋と一緒に周囲の風景も取り入れた絵が二枚、教室の壁に並んで掲げられることになった。

月に一回開かれる父母会の集まりで、ヤナ先生が語った言葉は、とても印象的だ。

「個々の史実を時系列で追っていく通常の歴史の授業とは異なるので、保護者のなかには心配される方もいるかもしれません。しかし、歴史の流れをイメージとしてつかむことは、将来に向け、歴史認識の礎となることと思います」

歴史をイメージとして伝え、理解させるにはどのようにすればよいのか。どこまで教えればよいのか、その指針となる教科書もない。ほかのエポックの科目と同じように、先生が教えることを生徒はノートに書き、そのノートが教科書になる。歴史の場合、とくにむずかしいとヤナ先生は感じているようで、朝、早起きをして、学校に行く前から意識を集中し、授業に臨むのだという。たしかにきちんと史実を把握したうえ、わかりやすいように咀嚼していかないと、自分の言葉で歴史を的確なイメージにして子どもたちに伝えるのはたやすいことではない。古代ローマ帝国の歴史では、一カ月あまりの授業のあいだに、二冊のノートが文字や地図、絵で隅々まで埋まった。ヤナ先生の用意した資料のコピーもノートに貼られる。こうして生徒一人ひとりが自分の教科書をつくっていくわけだ。アレキサンダー大王をテーマにした劇が、このエポックの仕上げとなった。劇はプラハにある劇場を借りて行なわれ、ツドイはキトン風の衣装を身につけて舞台に立った。

❖エポックのノート——歴史

古代ローマ帝国の歴史について学んだエポックのノートの一ページ目には、「ローマ共和国の成り立ち」として、ツドイはローマを中心としたヨーロッパ全体の地図を色鉛筆で描き、その下に次のように書いている。

ルシウス・タルクィニウス・スペルブスは王政ローマ時代の最後の王で、長いあいだ強大な帝国を統治し、また隣国を支配するために、ひどく無慈悲な戦いを仕掛けました。そして、王の栄光を誇示するため、豪華な建造物を建てました。傲慢なタルクィニウスは、妻とともに敵対する者たちを次々に消していきました。デルフィで神託を受けたルシウス・ユニウス・〝ブルトゥース〟は、王の悪政について公共の場で演説し、王の統治を終わらせようと民衆を扇動しました。ブルトゥースはついにタルクィニウス王を退位させることに成功し、王は家族とともに、エトルリアに逃げました。元老院に政務を担当させることを決め、ローマ共和国へと発展していきました。

古代ローマ帝国が王制から共和国制へと移行するにあたり、中心人物となったタルクィニウスとブルトゥースはそれぞれちがう色のペンで書かれ、ブルトゥースが神託を受けたギリシアのデルフィは四角で囲んである。ノートは次いで「共和制ローマ」「ガリア人の侵攻」「ピュロスの勝利」「カルタゴ」「ポエニ戦争」「ジュリアス・シーザー」と続いていく。とくにポエニ戦争とシーザーは詳しく学び、ノートも八ページほどを費やしている。

授業についていけるように、日本の高校生向けの世界史の参考書のなかでもとくに詳しく書かれたものを用意し、目を通させた。ヒラクは活用していたが、六年生のツドイにはさすがにまだむずかしすぎるようだった。しかし、習っている授業内容は同等か、項目によってはそれ以上、掘り下げていた。もちろんそこにはヨーロッパの国であるチェコの歴史感覚と、日本の歴史感覚のちがいもあるのだろう。

チェコの歴史となると、こうした参考書はまったく役に立たなくなってくる。チェコのことはごく基本的なことや大きな事件がわずかに言及されているにすぎず、日本語で書かれたものだとそれこそ専門の歴史書しかない。同じく六年生で習った「もっとも古いチェコの歴史」のエポックは次のようにはじまる。

ビザンティン帝国は大いに繁栄し、長く続きました。スラヴ人の国ははじめ小さなものでしたが、大きくなりました。お城をヴルタヴァ川沿いの岩の上に建てました。王は城を建てたあと、亡くなりました。王には三人の娘がいて、そのうちの一人が王にならなくてはなりませんでした。姉妹は全員が王になれるものだと思いましたが、それはかなわないことでした。
娘たち
カジ＝長女
テトゥ＝次女

「ローマ共和国の成り立ち」についてのノート

リブシェ＝三女、でもいちばんきれい
父でもある王はリブシェのことがいちばん
お気に入りでした。そこで王妃にはリブシェ
がなり、お城に引っ越しました。

チェコの建国にまつわる伝説の王妃リブシェの話から、チェコの歴史のエポックはひもとかれていく。三人姉妹の王妃の絵と、王妃が馬に乗って川沿いの道を走っているところをツドイは絵にしている。なにを描くかは先生が指示するわけではなく、生徒一人ひとりが自分の頭に思い浮かんだイメージを好きに描く。生徒によってノートに描かれた絵はちがうのである。リブシェはプラハのヴィシェフラッド城に君臨していたといわれる。城は十五世紀のフス戦争の際に壊され、いまは城跡が残るばかりである。伝説の地だけあってか、一種独特の雰囲気が漂い、ヒラクもツドイも日本からだれか知り合いが遊びに来るたびに連れて行

くお気に入りの場所となっている。

❖借用書の書き方を国語で習う

古今東西の文学作品などを読み、文章の読解力を養いながら、文法や語彙の勉強をする。国語の教え方は日本もチェコもそう変わるものではない。そんななかで、ツドイが七年生のときに受けた国語のエポックは、目から鱗だった。生活していくうえで欠かすことのできない、さまざまな書類をどのように記入すればよいのか、そこに書かれている言葉の意味の説明を受けながら、具体的に学んだのである。

かつて社会主義だった名残か、チェコでは書類を書く機会が多い。簡単なものもあるが、たいていは煩雑で、わかりにくい。書かなくてはいけない項目が多いにもかかわらず、なにを書けばよいのか、チェコの人に尋ねてもはっきりしないことが少なくはない。書類を受理する窓口の人に聞いても曖昧なことがあるのだから、かなりの重症である。係の人によって言うことがちがうこともある。外国人であるぼくら家族が毎年のように更新しなくてはいけないビザの書類はその最たるものだ。

郵便局の振込為替や書留郵便票、銀行の出入金伝票、保険金の請求書など、実際の書類をノートに一枚一枚貼りつけ、なにをどのように書き、なぜそれを書かなくてはならないのかを学んでいく。電気や電話の請求書も貼りつけ、各項目がなにを意味しているかを記している。いずれも普段の生活のなかでよく目にする書類ばかりだ。なにを書くのかわからず、いつも空欄のままにしてきた項目の説明もあり、ツドイのノートを見て、ぼくや妻も勉強になるほどの充実ぶりだった。そればかりではない。借用書や契約書の書き方まで学んだ。先生からお金を借りるという場面を設定し、利子をどのようにするかを含め、借用書の書き方を一人ひとりの生徒が考えるのである。しかも単に一筆啓上した簡単な書式ではなく、法律に基づいた本格的なものだから恐れ入る。利子をびっくりするほど高く設定する生徒や、利子をお金の代わりにお菓子にする生徒もいて、まさに遊びながら実社会を学んでいるとの印象がある。

こうしたことを早い段階で学ぶのは、チェコをはじめとするヨーロッパが契約社会だからにほかならない。日本では契約はまだ特別なことであると感じるが、ヨーロッパの国々では日常のさまざまな場面で契約の概念が出てくる。会社に就職することも契約であり、この契約に基づき給料の金額やバカンスの期間が決まる。契約の内容は当然、一人ひとりでちがう。日本では役所や銀行での申請書類などは、多くの場合、窓口に備えつけてある見本を見ながら書き写していくだけのことが多い。もちろんそれは相手を信用しているからである。しかし、契約社会であるヨーロッパでは、自分で納得して書き込んでいかなくては、思わぬ失敗をすることにもなりかねない。契約である以上、本当は日本もヨーロッパもそう変わりはないはずなのだが、大きな意識のちがいがあるようだ。その意識のちがいがこうした授業にも出てくるのだろう。

借用書の書き方を中学校の国語の時間で学ぶのがふさわしいのかどうかはわからない。しかし、言葉を学ぶのはなにも文学作品からばかりではなく、これもまた立派な国語の授業のはずである。発想が少し柔らかいだけだろう。一枚の伝票に並んでいる活字は無味乾燥としたものだが、実社会で使う言葉であり、概念であり、考え方である。その意味では国語であり、社会でもある。シュタイナー学校の授業を見ていると、このように「生きる力」を身につけさせようとしているのだと感じることが多い。シュタイナー学校には、一般的にふわふわとした非現実的な教育との印象もあるかもしれない。しかし、生きていくために必要なさまざまな知恵を伝えようとする、実用本位な教育だと感じている。伝票一枚を迷わず書くことも、まさに生きる力だろう。

❖指先の骨の名前まで

エポックのめざすところは、授業の内容をイメージとして大きくつかませることにある。しかし、それにしてはどのエポックも、かなり細かなところまで突っ込んで教えている。ヒラクが八年生で受けた生物の授業では、手を構成するさまざまな骨の名称を習った。配られたプリントは、医学書のコピーのようだった。あまりに専門的すぎて授業についていくことができず、家に持ち帰る宿題となった。プリントには骨のイラストが描いてあり、各部位がなんというのか、一つひとつ書き込んでいくようになっている。普通の辞書を引いてもまったく載っていない。そこで図解入りで説明している解剖学の本を書店で買ってきて、それを手がかりにまずチェコ語でなんと言うのかを調べていく。インターネットで調べれば本など買わなくとももっと簡単にわかったのだろうが、チェコ語で検索をすることはまだできなかった。

チェコ語でなんというかがわかると、次は日本語でも調べてみる。すると「末節骨《まっせつこつ》」や「豆状骨《とうじょうこつ》」などということがわかってくるのだが、ぼくも妻もこれまで聞いたこともない言葉ばかりだった。名前を聞いても、それがどこの部位を指すのか、想像さえつかない。こうしてとにかく名前がわかった

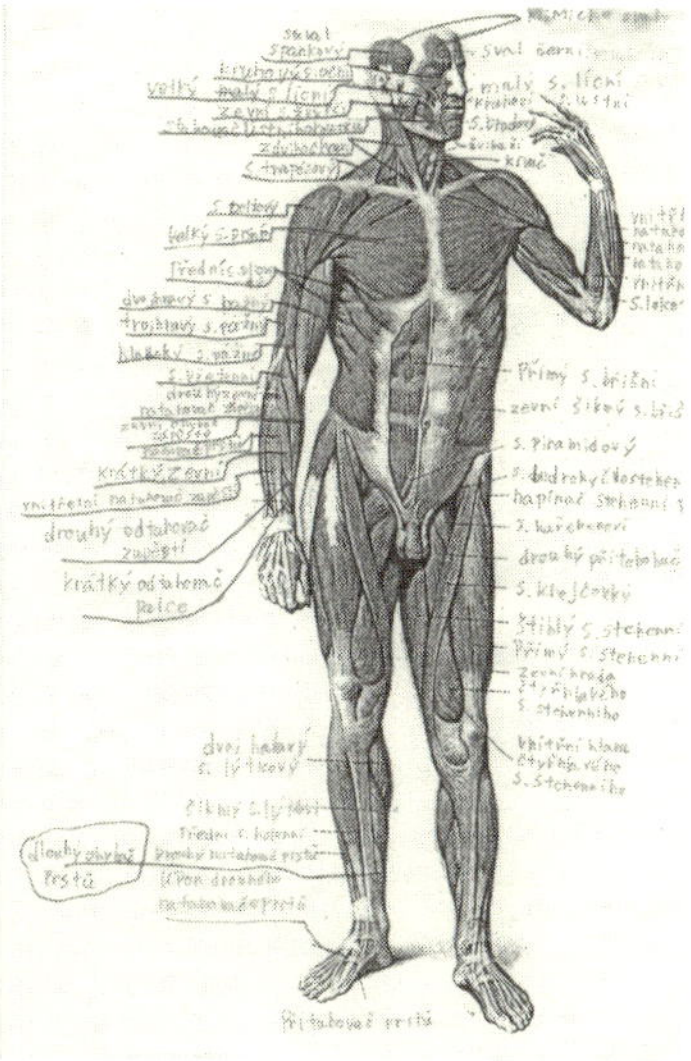

ヒラクが生物のエポックで筋肉について学んだノート

ら、それがどのような骨なのか、その内容を具体的に調べていく。親がかりでもずいぶん骨の折れる宿題となったが、それはチェコ語がまだよくできない日本人だからというわけではなく、きちんとやろうとすれば、ほかのクラスメイトでも同じだろう。いったいこれほどまでの専門性を小中学生のレベルで求められるものだろうかと、疑問にさえ感じた。普通の学校では教科書に沿って低学年ではやさしいことを教え、高学年になるにしたがってむずかしくなるのが一般的だ。しかし、シュタイナー学校では低学年でも内容を端折ることをしない。それも授業に教科書という縛りがないからだろう。

だからといって、生徒が授業についていけないというわけではない。それは授業で教える細かな内容を記憶していくことは求められていないからだろう。骨の名前がなにか、テストがあるわけでもない。もし内容を覚えているか、テストされるとしたら、生徒はみんなめまいがしてしまうだろう。手の骨の名前を細かく調べたりするのは、それを覚えるためではなく、手はいくつもの骨から構成され、その一つひとつに名称があることを知るためだからである。細部を通じて全体をイメージでつかんでいく。それはシュタイナー教育の大きな特徴といえるだろう。

こうした授業を垣間見ながら、ぼくが小学生のころ、親から買ってもらった百科事典を漠然と眺めていた体験を思い出していた。当時、百科事典がブームになっていて、各出版社が競うように刊行し、たいていの家庭には百科事典が居間の書棚にずらりと並んでいたものだった。事典には多くの写真やイラストが載っていて、見ているだけでも飽きなかった。学校では習わないこともたくさん載っていたが、読んでいてむずかしいと感じたことはなかった。暇さえあれば百科事典を読んでいたので、どこになにが載っているか、隅から隅まで覚えていたくらいだ。もちろん学校の授業とはちがい、覚えようとして覚えたわけではない。わからないことも苦痛ではなかった。こうした体験は、シュタイナー学校の授業のありようによく似ている気がする。シュタイナー学校では子どもの持っている純粋な好奇心をうまく刺激し、それを素直に伸ばし、育もうとしているのである。

❖エポックのノート——生物と地理

ツドイが五年生のときに習った植物のエポックは、シュタイナー教育ならではのものがよく出ている。芽吹き、成長し、そして実をならせたあとに枯れていく植物の一生を、詩的な物語として解説する。テキストの下には、蜜蠟クレヨンと色鉛筆を使い、太陽の下、花が咲いている様子を大きくノー

蜜蠟クレヨンと色鉛筆で植物の成長の過程を描く

トいっぱいに描いている。また、ノートの右ページには春、夏、秋ごと、植物の成長の過程を、太陽の位置とあわせて追っている。

植物は地球と太陽が生み出す子どもです。地球は酸素とともに、成長に必要な栄養分と水分を子どもに与えます。それはまるで母親が子どもに接するかのようです。太陽の光は植物を闇から外へと押し出します。それはまるで子どもの成長を見守る父親のようです。春、太陽は緑色の新芽に光を注ぎます。すると成長しようとする力が茎に集まり、その力で植物は育ちます。地表はまだ冷たいものの、太陽の光がまっすぐ降り注ぎます。夏、日差しはとても強くなり、地表も温かくなります。このとき植物は葉から得た力を、色鮮やかな花を咲かせるつぼみへと送ります。秋になると太陽の光は次第に弱まりますが、空気はまだ温かさを保っています。このとき植物は種のたくさん入った果実を実らせます。冬になると日差しは弱くなり、気温も低くなります。土の中の種は次の成長に向けて力を蓄えていますが、どこにそんな種があるのかも、地球上でどんなに大切なことがおこっているのかも、私たちは普段、考えさえしないのです。

植物の成長を追いながら、最後に冬の間、植物が地中でどのようになっているか気づこうとしないことについて、生徒一人ひとりの目線に落とし込んでいるところが興味深い。六年生の地理のエポックで、熱帯雨林について学んだときは、まるで生徒一人ひとりが熱帯雨林にいるかのように先生は語りかける。

二月のいまも熱帯雨林はとても暑く、湿度が高いです。赤道に近い熱帯雨林では、年中雨が降り、日照時間が長いのです。私たちの頭の上は、大きな樹木で覆われています。木の高さは八〇メートル以上あります。樹木の上のほうにはたくさんの鳥が棲息しています。ワシもいます。色鮮やかなオウムもたくさん棲息しています。下のほうにはツタや草が生い茂り、薄暗く、じめじめしています。ここにはヘビやワニのほか、数え切れないほど多くの種類の昆虫が棲息しています。熱帯雨林はどこにあるでしょうか？　南アメリカのアマゾン川流域、東南アジア、アフリカ、それにギニア湾周辺に広がっています。

単に熱帯雨林が大きな木に覆われているとするのではなく、「私たちの頭の上」とすることで、それを聞いた生徒一人ひとりの頭には鬱蒼とした熱帯雨林のイメージがふくらみ、あたかもその中にいるかのような感覚を抱くことだろう。そのうえで、頭の中に描かれた熱帯雨林の様子をノートの左ページに色鉛筆で描いている。木の上のほうには大きなヘビがいて、木々のあいだからは鳥やサルも顔をのぞかせる。下には川が流れ、川辺には花が咲く。熱帯雨林の絵の下には、サヴァンナの様子が描かれている。そこには「サヴァンナも赤道周辺にあり、暑いのですが、熱帯雨林とはちがい、乾燥しています」との解説が添えられている。

こうした絵はなにか写真を見て書き写したものではなく、先生の言葉に喚起されてふくらんだ、ツドイの頭の中のイメージである。写真や映像によって既視感を与えるのを避け、子どもの持つ想像力に働きかけて、実際に見たわけでもない熱帯雨林のイメージを紡ぎ出させるのだ。授業の途中、プラハ動物園で校外授業も行なわれた。動物園内にあるインドネシア館は熱帯雨林を再現し、冬の寒い時期でも鬱蒼として、蒸し暑い。その様子を観察して体験しながら、ツドイはワニを描いていた。

❖抽象的な思考を育む数学

はじめて数学の授業に出たとき、ヒラクは頭の中が真っ白になるのを感じたという。担任のビエラ先生が黒板に書いていく数式が、なにを意味しているのか、見当さえつかなかったからである。言葉ができなくとも、日本の学校で得意なほうだった数学だけはなんとかなると思っていただけに、衝撃は大きかったようだ。数式で使う記号が日本とはまったくちがっていたのである。ぼくにしてもこうしたものは万国共通のものだと思っていただけに、なんとも不思議な感じだった。かけ算の「×」は「・」、割り算の「÷」は「:」とするのがチェコ流なのである。方程式で「χ」と書けば、隣の席のダヴィドは「χではなくX。そんな書き方、気持ちが悪いよ」と、ノートをのぞき込んでは直すように言ってくる。それでもこれまでの習慣でつい「χ」と書いてしまうのである。数式の解き方にもちがうものがいくつもあった。

数学は大きく代数と幾何学に分け、エポックで取り組む一方、毎日取り組んだほうがよい計算問題などは別途、普通の授業でも行なう。シュタイナー学校では教科書を使わないのが基本だが、数学の場合は先生の考えによって高学年になると一般校の教科書としてつくられた問題集を使用することもあり、その練習問題を解きながら授業は進んでいく。ビエラ先生の専門は数学のため、授業に熱も入る。チェコでは教科書は義務教育期間中も無償で配布されるわけではなく、書店で販売されているものを各自で購入することになっている。このため夏休みが終わって新学年がはじまると、書店の教科書コーナーは大勢の親子連れでにぎわい、季節の風物詩となっている。書店では学年ごとに教科書の棚があり、その棚から学校に指定された教科書を探していく。教科書の種類は多く、同じ科目で何種類も出ている。チェコは日本に比べると書籍の価格が概して高いが、教科書は低めに抑えられている。

ある日のこと、ビエラ先生がヒラクのノートを見て、感嘆の声を上げたことがあった。ヒラクが数式を解くとき、ノートの隅に書いた筆算の考え方に驚いたのである。「数式をそのまま解いていくより、問題を早く、正確に解ける」と先生は黒板に書き、日本風の筆算を生徒に紹介した。ヒラクはこれまでやってきたように、なにげなく筆算をしただけだったので、なにが教室で起きたのか、すぐにはわからなかった。筆算は先生にとってもクラスメイトにとっても、はじめて見る計算方法だった。筆算の考え方がチェコにはないからだ。ヒラクがチェコ流の数学に驚いたのとは反対のことが起きたわけである。この日から、ヒラクはクラスで一目おかれるようになった。答えは合っているが、チェコの解き方とはちがうとビエラ先生が指摘することもなくなった。日本で学んだヒラクのやり方を先生が認めたのである。

一方、ツドイは日本にいるときから算数が嫌いで、苦手科目だった。担任のヤナ先生は算数のエポックのとき、毎日、計算問題を宿題に出した。しかし、ツドイはちょっとしたことでつまずき、音を上げた。そんなツドイのことで、ヤナ先生から電話があった。

「問題を解いて答えを出せなくてもかまいません。数学は抽象的な思考を鍛える大切な訓練です。毎日机に向かって、一問でも二問でも取り組ませるようにしてください」

先生の言葉を聞いて、なるほどと思った。子どものころからぼくはむずかしい数学をなんのために学ぶのか、ふと考えてしまうことがあったが、抽象的な思考の訓練だとすれば合点もいく。こうした考えがあるためか、チェコでは数学がとくに重視され、高校の受験科目も国語（チェコ語）と数学の二教科とする学校が多い。

❖フォルメンと幾何学

幾何学はシュタイナー学校のなかで、特別な位置にある科目だ。幾何学といっても三角形の面積を計算するというわけではない。もちろん面積の計算も学習するのだが、もっとプリミティブにもののかたちをとらえ、考えようとするのである。

幾何学の授業は一年生のときからはじまる。なにをするのかといえば、蜜蠟クレヨンを使い、円を描くのである。色を変え、一心不乱に円を描いていく。ある意味、お手本を見ながら墨で半紙に字を書く日本の習字に似ているようにも感じる。ちがうのは、円を描くのにお手本がないことだろう。このちがいは、しかし、両者の決定的なちがいでもある。円は円のはずだが、生徒一人ひとりが描く円は千差万別。かたちもちがえば、線の太さもちがう。線を引くのに使う蜜蠟クレヨンの色も、背景に塗る色もちがう。まるで生徒一人ひとりの個性や心の状態を映し出しているかのようだ。手で円を描くこの授業は高学年になっても続けられるが、最初は一つだった円が二つになり、三つになり、だんだんかたちが複雑になっていく。円と円とが重なり合ったところに、また別のかたちが浮かび上がってくる。それは円でもなければ、四角でも三角でもない抽象的なかたちである。生徒はそれぞれのかたちに別の色を塗り、そのかたちを強調する。

六年生になると、フリーハンドではなく、定規やコンパスを使い、より複雑なかたちを描くようになる。そのかたちはぼくが子どものころ、文房具屋で買ったスピログラフ定規（デザイン定規）を使って描いた花模様のような幾何学模様にも似ている。模様に色鉛筆で色を塗り、かたちを楽しんだものだった。しかし、歯車の動きに合わせてかたちがつくられるスピログラフ定規とはちがい、定規とコンパスで描き出すかたちは、あくまで低学年のときにフリーハンドで描いたものの延長線にある。かたちや線がより正確になるだけだ。まず線をさまざまな方向に乱雑に引き、そのなかに水晶状のかたちを見出したり、アンモナイトのようなかたちを見出したりする。それは水晶を描こうとしたわけ

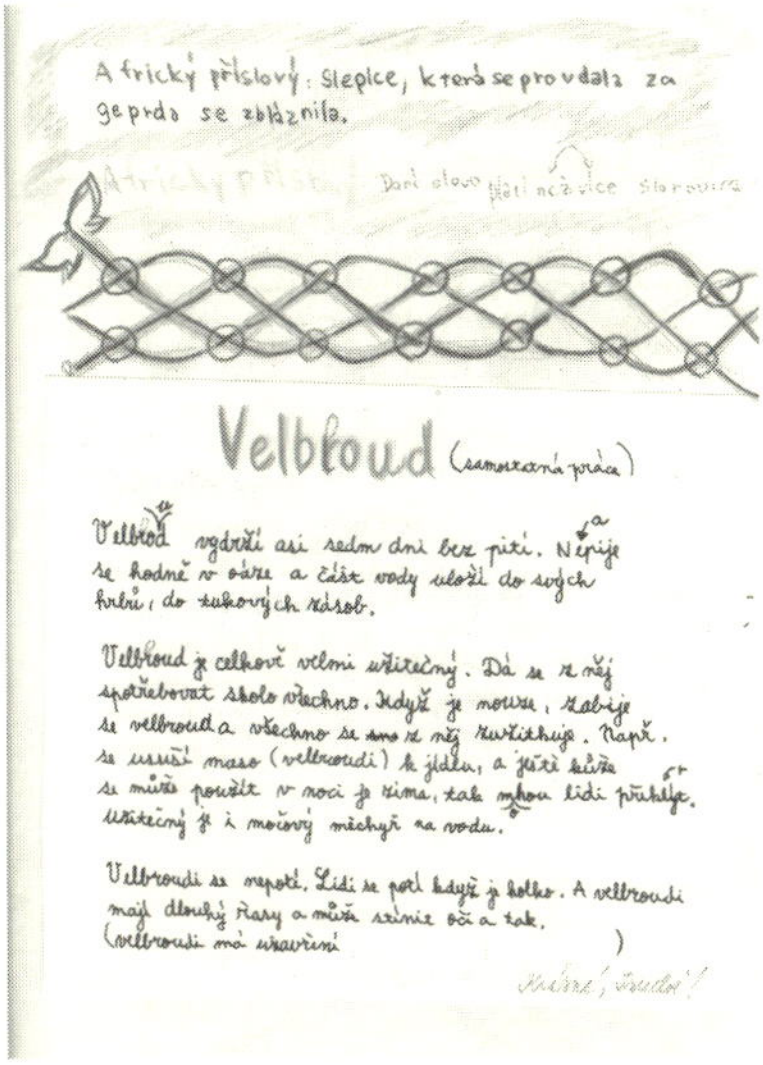

ツドイが生物のエポックでラクダについて学んだノート。フォルメンが挟み込まれている

でも、アンモナイトを描こうとしたわけでもないのだが、自然とそのようなかたちが浮かび上がってくる。授業の合間には、ヤナ先生は生徒をプラハのマラー・ストラナにある音楽博物館に連れて行った。どうして幾何学と音楽博物館が関係あるのだろうとピンとこなかったが、ヴァイオリンやパイプオルガンなどの楽器を観察しながら、そこに「変なかたち」を見つけていったのだという。楽器のかたちを通じて幾何学を考えようとするわけだ。

こうした幾何学への取り組みは、フォルメンへと結実していく。フォルメンはシュタイナー教育独自のもので、ある一定のかたちを一筆書きで描いていく。基本となるかたちは左右対称のものや、ある一定のリズムで反復する唐草模様のようなものである。いずれもフリーハンドで描くのだが、先生が黒板に描いたフォルメンをお手本に描くこともあれば、生徒一人ひとりが思い浮かんだかたちを自由に描いていくこともある。簡単なフォルメンは低学年から描くが、高学年になるとそのかたちはより複雑なものになる。七年生の父母会で、試しにフォルメンを親が描いてみることになったことがある。画用紙が配られ、黒板のお手本を見ながら描いていく。ぼくもやってみた。しかし、とても左右対称にはならない。線はゆがみ、かたちはいびつになる。親の描くものはどれもみな似たり寄ったりだった。拙いと感じた子どもたちの描くフォルメンのほうがよほどきれいで、美しかった。それにかたちが生き生きとしている。見るのとやるのでは大ちがいだ。きちんと集中していないと描けないため、授業中、生徒が集中を失いはじめるとこのフォルメンを描かせることもある。

❖エポックのノート——数学と幾何学

ツドイが五年生で学んだ分数のエポックのノートは、一六等分した円に幾何学模様を描いた図ではじまる。それがなにを意味するのか、いったいどうしてこのような図を描くのか、生徒はピンとこないはずだ。日本の教科書では、ケーキを三人で分けるなど、ごく身近で具体的な例を挙げて分数の導入としているのとは対照的だ。

分数を教える考え方もおもしろい。普通、ひとつのケーキを二人で分けると一人前は1／2、三人で分けると一人前は1／3になると、等分したかたちで分数を教えようとするだろう。しかし、ヤナ先生はそうではなく、二つに切ったケーキは2／2であり、三つに切ったケーキは3／3であり、どちらも1であるとまず教える。そのためにひとつの長方形を実線で二等分し、そこにできた二つの長方形を破線で二等分し、さらにその長方形を点線で二等分していくことで、ひとつの長方形のなかに

タレスがピラミッドの高さを測ったエピソード

八つの長方形を生徒に描かせる。そして、その図形を数式にして、1＝2／2＝4／4＝8／8と図形の横におく。さらにそれを踏まえたうえで、今度は1／2も2／4も4／8も同じだとの説明が続く。

ツドイは日本でもすでに分数を学んでいたが、もともと算数が得意ではなかったことに加え、シュタイナー学校の教え方に慣れていなかったせいか、分数にかなりつまずいてしまった。分数と同じ考えである比率も同様だった。日本では算数は計算をするものだったが、シュタイナー学校ではまずなにかを考えさせようとするからかもしれない。

幾何学はそんなシュタイナー学校にはうってつけなのだろう。幾何学といっても、身近にあるさまざまなもののかたちに興味を抱かせ、そのかたちについて考えさせる。六年生で習ったアルファベットを幾何学的にとらえた授業もそのひとつだ。

この授業ではアルファベットをそのかたちによって五つのグループに分けている。「垂直な中心線に対して対象」(A、M、T、U、V、W、Y)、「水平な中心線に対して対象」(B、C、D、E、K)、「二つの線に対して対象」(H、I、O、X)、「中心に対して対象」(N、S、Z)、「無対象」(F、G、J、L、P、Q、R)のグループで、それぞれどのように対象しているかがわかるように、色分けをしながらアルファベットを並べている。

七年生では多角形の面積を計算するようになった。このなかで、古代ギリシアの哲学者タレスがピラミッドの高さを計算したエピソードを紹介している。

「タレスは太陽の光が降り注ぐ砂漠の砂の上に寝ました。しばらくして起き上がり、自分の影の長さが背丈と同じになるのを待ちました。そして、ちょうど同じになったとき、ピラミッドの影はピラミッドの高さと同じになりました」

同じく古代ギリシアの哲学者であるピュタゴラスについても、三平方の定理だけではなく、「アルケー(万物の根源)は数である」や「自分を知れば、世界と神を知ることができる」といった彼の残した言葉も教えている。そして、「ピュタゴラスの教えは、私たちに鮮やかな空と花の心地よいハーモニーを思い起こさせます」とまとめている。こうした授業のありようを見ていると、数学とは単に計算問題を解くことなのではなく、ヤナ先生の言うとおり、抽象的な思考の訓練なのだと合点がいく。

❖外国語は少人数授業で

中等部の校舎には、外国語を学ぶための小さな教室がある。その教壇に英語のマレク先生が立っている。チェコ生まれ、アメリカ育ちの先生は、ラップが十八番。アクセントをラップのリズムで教える、とても乗りのよい、楽しい授業だ。

シュタイナー学校では、一年生のときから英語とドイツ語の二つの外国語を並行して習う。それぞれ週二回、四五分の授業で、高学年になっても授業時間は変わらない。二〇人あまりのクラスをAとBの二つのグループに分け、一方は英語、一方はドイツ語の授業を受ける。先生一人に対して生徒はおよそ一〇人。日本に比べてただでさえ少ない生徒を半分にし、より少人数で授業をする。生徒が会話をしたり、テキストを読んだりする機会はおのずと増える。ドイツ語も教えるのはドイツ人の先生である。またエポックとはちがい、外国語は一年を通じて授業がある。

低学年では外国語に触れ、親しむことに重点がおかれ、とくにむずかしいことは習わない。言葉遊びの感覚である。この傾向は中等部になっても大きくは変わらず、文法の練習問題を多少取り入れる程度だ。あくまで平易なことを繰り返す。このため一年生から授業をしているにしては、九年生の授業はさほどむずかしいわけではない。テキストに選んだ『トム・ソーヤの冒険』を読み進めるマレク先生は、文法についてはごく簡単な説明をするにとどめる。それよりも、内容について英語で議論をしたり、詩をつくるなど、より自然なかたちで英語を習得させようとする。生徒が話そうとする英語が間違っていても先生は怒ったりはしない。スポーツにたとえるなら、基礎練習を繰り返すよりも、練習試合を重ねながら、実践のなかで基礎的なことも習得していく感じなのである。専門的なことまで教えるエポックとは逆のアプローチといってもいいかもしれない。それはあくまでコミュニケーションツールとして言葉をとらえ、外国語を教えているからだろう。こうして九年間にわたって英語を習う生徒も、日本の高校入試に出る難問奇問には歯が立たないかもしれない。しかし、日本の中学校三年生に相当する九年生になるころには、きちんと英語でコミュニケーションを図り、映画の英語を字幕なしで理解できるようになっている生徒も少なくはない。

学校で学ぶ英語とドイツ語はともに必須の教科だが、学校の授業として学ぶのは英語である。ドイツ語は課外授業の扱いで、別途授業料が徴収される。つまり英語が主、ドイツ語が従の位置づけになっている（ハナ校長先生が交渉を重ねたことで、ドイツ語も途中から正規の授業の扱いになり、授業料はなくなった）。これについては父母会で議論になったこともある。ドイツ語の授業をやめ、その分、英語をもっと学ばせたほうがよいというのだ。英語推進派の親は「いまの時代、英語を早い段階でしっかり身につけるべきだ」と主張し、ドイツ語擁護派も「隣国であるドイツ語はやはり欠かせない」と譲らない。このときは「両方大切」ということで落ち着いたが、結論が出たわけではなく、両者のバランスは微妙な問題をはらんでいる。

チェコ語と英語やドイツ語は同じアルファベットを使う言葉として、日本語と英語ほどかけ離れているわけではない。しかし、外国語として学ぶ苦労や困難は、さほど変わるわけではない。それでもヨーロッパではさまざまな言葉が話され、国境を越えれば言葉も変わるため、その重要性は幼いときから肌で感じているようだ。学校の授業とは別に、英語の学校に通ったり、将来、ファッションやデザイン関係の仕事に就きたいからと、フランス語やイタリア語をさっそく習う生徒もいる。言葉の勉強は早いうちにはじめるに越したことがないというわけだ。

オイリュトミー劇を演じる３年生の生徒

❖不人気なオイリュトミー

舞台の上で、先生が朗読する詩に合わせ、生徒が奇妙な動きをしている。ダンスでもバレエでもない。演劇でもない。強いていえばその印象は舞踏に近い。しかし、動きにはある一定の規則性があり、その点は舞踏とはちがう。トメのポーズのときにカッと見開いた、訴えるようなパフォーマーの目が、強く印象に残る。それは学年末に開かれる学芸会「アカデミー」で、オイリュトミーというものをはじめて見たときの第一印象だった。

シュタイナー学校に子どもたちが通う前、その教育法について綴られた本や体験記に目を通したとき、どの本もオイリュトミーのことに触れていた。しかし、どれもピンとこなかった。説明が観念的すぎて、どのようなものなのか、見当もつかなかったのである。だからオイリュトミーとはいったいどのようなものなのだろうかと、余計に興味深く思っていた。その語感からなにか神秘的で、未知のものを感じていた。だからすでによく知っている舞踏との類似性に気づいたときは、ずいぶん意外な感じもした。実際、オイリュトミーと舞踏は深い関係にある。

オイリュトミーとはドイツ語で「律動的な運動・調和」「心地よいリズム」の意味がある。プラハのシュタイナー学校で教えるオイリュトミーの基本となるのは、母音や音階それぞれに与えられた固有の身体の動かし方や身振り、かたちである。「A」「E」「I」「O」「U」や、ドレミファソラシドを意味する動きがあるわけだ。それを組み合わせることで、自在な身体表現になっていく。全身を使った手話といってもいいだろう。学校では一年生のときからこのオイリュトミーの授業が週一回、オイリュトミー専用の教室である。この教室は学校にある教室のなかではいちばん広い。床はきれいな板張りで、一クラス二〇人あまりの生徒が自由に踊り、跳ねて回っても十分なスペースがある。ちょっとした発表会や、全学年で集まる父母会のために利用されることもある。

授業では、スメタナの「モルダウ」など、クラシックの曲を先生がピアノで弾き、それに合わせて先生が「A」と言うと、生徒は「A」のポーズをとる。それを基本にして、表現は高学年になるほど複雑になっていく。こうして生徒は自らの意識のうちにある言葉にならない言葉や、音にならない音を、身体を動かして表現しようと試みる。目には見えない音楽を、またうまく表現できない言葉の断片のようなものを、身体の動きで表すことによって目に見えるものにするわけだ。身体を動かすことで、感情を吐き出し、表現しようとする。それは表現としてはつたなく、踊りとはいえないものかもしれないが、その萌芽を感じさせるものはある。こうして意識と身体のあいだにある溝を埋めていくところに、オイリュトミーを授業に取り入れる役割はある。

オイリュトミーはシュタイナー教育のなかでも根幹を占めるといわれる。しかし、それにしてはあまり人気のない授業だ。ツドイのクラスでは生徒が嫌々やっているので、先生はいつも怒っている。ヒラクのクラスでは、彼が転入したときにはオイリュトミーの授業をすでにやめていて、やったことさえない。どうもオイリュトミーはむずかしすぎて、自分がなにをやっているのか、あまりわかっていない生徒が多いらしい。抽象的なものをかたちにするはずのものが、かえって混沌を招いてしまっているようだ。月に一回の父母会でもオイリュトミーが話題になり、先生の教え方に問題があるのではないかとの辛辣な意見も出た。先生は頭の中ではわかっているのだろうが、それをうまく子どもたちに教えることができていないのかもしれない。実はそれはオイリュトミーに限ったことではない。シュタイナー教育の観念的な考えを、授業という現実に活かしていくのはなかなかむずかしいようなのだ。

❖ワークショップでものづくりの真髄を学ぶ

足踏み式のふいごから風を送る。すると石炭が炎を上げながら勢いよく燃え立ちはじめる。そのなかに鉄の棒を入れて真っ赤になるまで熱し、ハンマーでたたく。カーン、カーンと小気味よく響く音を立てながら、しばらくたたくと、また鉄の棒を炎のなかに入れる。生徒は慣れた手つきでその一連の作業を繰り返し、思い思いのものをつくっていく。最初は簡単なものをつくり、だんだんむずかしいものにチャレンジする。ヒラクは最初、中世のヨーロッパで家を建てるときに使われたような黒くて太い釘をつくった。それからステンドガラスをはめ込んだ、ちょっとした飾りをつくっている。生

鍛冶屋のワークショップ。つくるのは栓抜きや釘といったごく簡単なもの

徒の傍らに立って見守っているのは生徒の親で、本職の鍛冶屋だ。彼はやり方の模範をやって見せたり、助言をし、むずかしい作業では手を差し伸べている。

ヒラクもツドイも鍛冶屋という名前は知ってはいても、チェコに来るまで、それが実際どのような仕事なのか、なにも知らなかった。そんな鍛冶屋の仕事を、このワークショップの授業ではじめて目の当たりにするばかりか、自分の手で実際にモノもつくる。経済発展を遂げた今日の日本ではむずしい、貴重な体験といっていいだろう。昔ながらの職業がいまも生活に根ざしているチェコらしい授業だ。

このワークショップの授業もまた、シュタイナー学校ならではのカリキュラムのひとつである。ユニークなのはワークショップに教えに来る人には、この鍛冶屋の授業のように、生徒の親が少なくない点だろう。シュタイナー学校では親が学校に関与する割合が一般校に比べてぐんと高いが、親が教師になることもあるわけだ。子どもが卒業してしまっても、引き続きワークショップの授業を受け持つ人もいる。子どもの通う学校にシュタイナー学校を選ぶだけあってか、クラスメイトの親にはユニークな職業の人が少なくない。画家、彫刻家、デザイナー、ロックミュージシャン、染織家、陶芸家、写真家ら、アーティストや手に職のある人が多いのだ。こうした親がそのままワークショップの担い手となる。とくにクリスマスのときとイースターのときのバザーでは、こうしたワークショップが同時にいくつも開かれる。

ワークショップの内容は単なる体験学習の枠にとどまらない、本格的なものだ。本職が教壇に立ち、使う道具も職人が実際に使っているものを学校に持ってくる。持ってこられない場合は、生徒が職人の仕事場に出向く。ツドイが革の靴をつくったときは何度も靴職人の工房に通った。太くて大きな針を使って革を縫っていく革靴づくりはさすがにむずかしいようで、普段に履けるほど上手にできたとは言い難かった。しかし、つくっている最中のツドイはとても楽しそうで、靴がどのようにしてできるのかを知るよい機会となっていた。こうしたワークショップの授業はちょっとした職業訓練であり、実体験を通じて世のなかにさまざまな仕事があることを知るきっかけともなる。もともと器用なほうではないヒラクも、ワークショップの影響か、将来、モノをつくる仕事に就きたいと言いだしたことがある。夢が叶うかどうかは別にしても、こうした体験はかけがえのないものであり、生涯忘れられないものとなるだろう。

❖子どもたちの戸惑いと順応

シュタイナー学校とはどのようなところなのか。シュタイナー教育とは、普通の学校に比べ、なにがどのようにちがうのか。親にしても子どもたちにしても、ほとんどなにもわかっていないまま、学校に通いはじめることになった。シュタイナー学校がどのようなところか、じっくり吟味をし、納得したうえで入学したわけではなかったのだ。事前にセミナーなどに通ったわけでもない。せっかくの機会だった学校開放日にも、時間を間違えてエポックの授業を参観することはできなかった。すべてはぶっつけ本番だった。もっとも実際にはハナ校長先生の配慮で、最初はあくまで「ゲスト」として入学が認められたのであって、いくぶん長い体験入学のようなものだった。もしシュタイナー学校の教え方が合わないと感じれば、普通の学校に転校する余地はあったわけである。だからもう少し心のゆとりがあってもよさそうなものだったが、なんだかとても切羽詰まった日々を、おろおろしながら過ごしていた。

学校から帰ってきた子どもたちには、毎日のように一日の様子を聞いていた。それがゲストとして受け入れるにあたっての、ハナ校長先生との約束だった。聞かなくても、子どものほうからうれしそうに話した。そして、「エポックっていったいなんだ?」「オイリュトミーってどんなふうにするの?」「フォルメンっていつ描くの?」と、シュタイナー学校のことでずうっと気になっていたことを、二人にはことあるごとに尋ねた。話を聞いてすぐにわかることもあれば、何度説明を聞いてもよくわからないこともあった。子どもたちにしても、最初のうちはよくわからずに授業を受けていたことが少なくないようだ。こうして子どもたちの話す学校や授業の様子は、事前に本を読むなどして得てい

7年生のときに開かれた歴史の文化祭でカロリーナ（中央）とミリアン

たおぼろげな知識や、あれこれ想像していたものとは、印象がずいぶんちがうものが多かった。いざ学校がはじまってしまうと、シュタイナー学校とはいったいどういうところだろうと考えていたすべてのものが、いきなり現実のものとなり、日常のものとなったせいかもしれない。

日本からチェコに来てシュタイナー学校に通うことになり、言葉がまったくわからない教室にぽつんと放り出される。まわりはチェコ人ばかりで、わからないことを相談したり、愚痴をこぼし合う日本人の友だちは一人もいない。それだけでも二人は言い知れぬ孤独を感じていたはずだ。真っ暗闇の中、手探りでひたすら走るようなものだったろう。実際にシュタイナー学校の教え方に触れ、エポックやオイリュトミーなどを一つひとつ体験していくなかで、なにをどうすればよいのだろうかと戸惑いながらも、二人には考えたり、悩んだりする心のゆとりはまったくなかった。とにかくすべてをあるがままに受け入れていくしかなかったのである。せっかく兄妹二人で通っているのだから、うまく協力し合ってほしいものだが、教室が離れていることもあって、そんな余裕もなかったようだ。

言葉が満足にできない暗闇の中で、二人の担任になったビエラ先生とヤナ先生はヒラクとツドイの心にたくさんの種をまき、いつ芽を出してもおかしくないように水や肥料を与えていた。思うように芽が出ないことから先生たちはさぞもどかしい気持ちになったことだろう。それでも見放すことはけっしてなかった。ましで無視をしたり、遠ざけたりすることはなかった。なかなか出てこない芽をただじいっと見守っていたのである。その芽がようやく出はじめたのは一年も過ぎたころのことだったろうか。最初のうちはただ黒板に書いてあることをきれいに写していただけのエポックのノートも、次第に生き生きとしたものになっていった。だからといってヒラクにしてもツドイにしても、シュタイナー学校という特別な学校に通っていると意識することはほとんどなかったようだ。こうしていつしかプラハのシュタイナー学校は二人にとってかけがえのない、愛すべき学舎《まなびや》となっていた。

第4章 チェコ語にもがき苦しむ

❖頭の痛い、言葉の問題

子どもはいったいどのようにして外国語を身につけていくのだろう。少しずつ理解していくのか。それともある日突然、話せるようになるのか。いくら考えても、想像がつかなかった。ヒラクとツドイの場合、どのような変化があるのか。同じスタートを切る二人に、どのようなちがいがあるのか。期待しつつも、不安でいっぱいだった。実際、子どもたちの言葉のことではずいぶんと悩まされ、何度となく振り回されてきた。

海外のシュタイナー学校で学んだ体験記に目を通しても、いちばん気になったのは言葉のことだった。教室で黙りこくって話そうとせず、周囲を心配させたが、ある日突然話し出したケース。学校に通いはじめる前、家庭教師から少し教わっただけで、なに不自由なく授業を受けているケース。親が言葉の面倒を見ているケース。いろいろあったが、総じていえば、言葉にはあまり苦労していないように見受けられた。たぶんそれはシュタイナー学校の授業がイメージを多用するため、言葉の苦労が少ないのではないかと想像した。

しかし、こうした体験談の多くが嘘ではないかと訝ってしまうほど、言葉については苦労の連続だった。のたうち、もがき、苦しみ続けた。同じシュタイナー学校のはずだが、プラハのシュタイナー学校はもしかするとちがうのかもしれないとさえ思った。勉強嫌いのわが子は、ほかの子どもたちより、言葉の能力が劣っているのかもしれないと疑った。たしかに友だちと遊んだり、日常生活で必要な会話は思っていたよりも早く身につけた。しかし、授業となるとまったく別だった。一年経てばなんとかなると期待したが思っていたほどではなかった。二年が過ぎてもまだだめだった。三年目で少しはよくなったが、十分ではなかった。これなら大丈夫だろうとようやく思えるまで、四年の月日が経っていた。それでもまだ語学力が足らないと、ことあるごとに指摘されている。

言葉に苦しむヒラクやツドイの姿を見るたびに、もっと一生懸命勉強しなくてはだめだと叱ったり、だいぶ上達したとほめたりしてきた。当人たちはわからないことにすっかり慣れてしまい、意外にけろりとしていた。わからないならわからないなりに、なんとかなってしまう。チェコ語の勉強をするといっても、なにをどうすればよいのかわからない。その姿は空を飛べと言われ、手をばたばたさせて見せているかのようだった。

壁をひとつ乗り越えたら、次の壁が待っていた。それを乗り越えたら、また別の壁が立ちはだかった。その壁は前の壁よりももっと険しかった。シュタイナー学校に通うようになった二年目、担任のヤナ先生はツドイの通知表に「チェコ語は驚くほど上手になりました。しかし、学校は語学学校ではありません。きちんと勉強をしてください」と苦言を呈した。それを読んだとき、ハッとさせられた。さんざん苦労してなんとかチェコ語ができるようになっても、それがゴールなのではなく、ようやくスタートラインに立てたにすぎないのである。

❖家庭教師を探しながら考えたこと

語学学校で集中授業を受け、家庭教師を頼み、とにかく毎日チェコ語の勉強をする。それが入学を認めるにあたり、ハナ校長先生が示したたったひとつの条件だった。面談のとき、校長先生は以前シュタイナー学校で教えていた人をチェコ語の家庭教師として紹介してくれた。元教師であれば、シュタイナー学校独自の教え方も熟知しているはずだ。家庭教師として申し分ない。しかし、先生の家は意外に広いプラハのなかでも、ぼくらの住んでいる村とは逆の方角にあった。慣れない二人が毎日通うのはたいへんだろうということで、話は立ち消えになってしまった。

それからというもの、家庭教師を探す日々がはじまった。最初、日本からの留学生に頼もうとした。チェコ人の知り合いから、チェコ語がとてもよくできるとの触れ込みで紹介されたのである。ヒラクとツドイができるのは日本語だけだから、日本人に習うほうが手っ取り早いとの思いと、日本人ではちゃんとしたチェコ語を教えられないのではないかとの思いが入り交じった。適任でないことは会ってすぐにわかった。やはり発音はいかんともしがたいものがある。二人目はチェコ人にした。別の知り合いからベテランの教師だと紹介された。会ってみると、教師ではなく、本をつくる編集者だった。家庭教師の経験は豊富にあると調子よく力説していた。チェコ語のできない外国人の子どもに教えたことはあるかと尋ねると、口を濁していた。編集者であれば少なくとも言葉の点では心配はないだろうと感じ、彼女が言ってきた一時間三〇〇コルナの約束で頼むことにした。

初日、どのように教えるか、そばで見ていた。が、またしても失望させられた。外国人向けにつくられたチェコ語教本の表面をなぞるだけで、教える内容がちっともおもしろくないのである。無理もない。彼女は教えるにあたり、なんの準備もしてこなかったのだ。子どもたちは途中から集中力をなくし、すっかり退屈していた。それを見た彼女はずいぶん焦っていたが、どうにもならなかった。おそらく彼女はチェコの小学生や中学生に「国語」としてチェコ語を教えた経験はあるのだろう。だからといって、チェコ語がまったくできない外国人の小中学生に教えられるかといえば、そういうわけではないようだ。結局、そのとき一回だけで断ることにした。彼女も教えるのは無理だと感じたようで、とくになにも言わず、静かに帰って行った。

このとき子どもに言葉を教えるには、母親のような愛情と熱意が必要なのだと悟った。日々のなんでもない生活のなかで繰り返し根気よく教えることで、自然と言葉を吸収していくしかないのだろう。ぼくの妻がチェコ人であれば、きっと母親としてそんなふうに言葉を教えたはずだ。だからといって、そうした教え方はだれにでもできるわけではない。この先どれだけ家庭教師を探し、試したとしても、結果は同じだろう。そこで思い浮かんだのがマグダだった。シュタイナー学校を紹介してくれたヤンの奥さんである。マグダはことあるごとにわが家を訪ねてきては、あれこれ生活の面倒を見てくれた。子どもたちの行く末をだれよりも気にかけている。マグダには人を教えた経験がないのでこれまで選択肢には入れていなかったが、だんだん彼女にしかできない大役のように思えてきた。

❖箸で舌をつかむマグダの特訓

ヤンとマグダの住む家は村の高台にあった。息を切らせながら急な坂を上ったところにある、見晴らしのよい家だった。右も左もわからないいなか、ちょくちょく訪ねては、なにかにつけて助けてもらった。マグダは嫌な顔ひとつせず、なんでも二つ返事で引き受けてくれた。しかし、いつもの調子でチェコ語を子どもに教えてほしいと頼みにいくと、マグダは顔を曇らせ、躊躇していた。こんなことははじめてだった。まったくチェコ語のできない日本人に、日本語ができない彼女が教えられるのか、考えているようだった。最初からマグダに頼まず、ほかに家庭教師を探していたことに、気を悪くしていたのかもしれない。そうしたいくつもの考えが重なり、表情に出ているようだった。

「わかりました。やってみます。九〇分の授業で二〇〇コルナください」

しばらく黙ったままでいたマグダはきっぱりと言った。なんとかしなくてはとの責任感からくる悲壮な決意が感じられた。なにもそこまで考えなくてもよいのではないかと思ったが、軽々と引き受けるわけにはいかないととらえているようだ。彼女にしてみれば、単に言葉を教えるのではなく、二人の子どもを育てあげることだと感じていたのだろう。家庭教師を探すのに時間をとられ、マグダにチェコ語を習いはじめたときは、すでに子どもたちは二カ月という長い夏休みに入っていた。マグダは毎日のように、午後になるとわが家にやってきた。いつも図書館で借りたという古ぼけた本を持ってきた。それはチェコ語の正しい発音の仕方を解説した薄い本で、口のかたちや舌の位置などが写真やイラストを交え、詳細に描かれていた。

「お箸を持ってきてもらえますか」

授業をはじめる前に、マグダは妻に頼んだ。チェコ語の授業をするのにいったいどうして箸が必要なのだろうかと不思議に思った。すぐにわかった。マグダはチェコ語の単語を読ませ、おかしいと感じるたびに、容赦なく箸を口のなかに突っ込み、箸で正しい舌の位置を教えはじめたのである。箸を突っ込まれるたびに、ヒラクもツドイものどを詰まらせ、うっとなっていた。まさに特訓である。一膳の箸がだんだん正しい発音を覚えるための〝大リーガー養成ギブス〟に見えてきた。とはいえ、マグダの教え方は実に楽しいものだった。大きなジェスチャーで動物のまねをしたり、動作で動詞の意味を教えた。常に笑い声が家中に響き、本当に三歳の子どもに言葉を教える母親のようだった。

村のイースター祭で卵に飾りをつける方法をツドイに教えるマグダ（右）

来る日も来る日もマグダは、身近にあるものをチェコ語でなんというのか教えながら、覚えた単語を使い、短い文章をつくらせた。発音がおかしいと、すぐにまた箸が口に突っ込まれた。実際チェコの子どもたちも幼いころ、発音を教えるためにつくられた特別な棒を使い、同じように母親から発音訓練を受けるのだという。この訓練をきちんと経ないと、チェコ人でも正確なチェコ語の発音は簡単にはできないのだそうだ。実際、チェコ人だからといってみながみな正しいチェコ語の発音ができるわけではない。マグダが発音にこだわったのは、彼女の古くからの友人で、大学で日本語を学んだヴィオラからの助言だった。ヴィオラは日本人の多くは発音に致命的な問題を抱えていると感じていた。よく指摘されるLとRのちがいのほか、カタカナを読むように口先で発音しているので、なにを言っているのかわからないことが多いというのだ。こうしてマグダに言葉を教えてもらうことで、夏休みのあいだに、ヒラクとツドイには〇歳児が三歳児になるくらいまでの〝成長〟があったような気がする。

❖チェコ語特有のむずかしさ

はじめてチェコに行ったときのことだった。ドバイを発ったチェコスロヴァキア航空の飛行機がプラハの空港に近づき、着陸態勢に入ったときの機内アナウンスを聞いていると、「プラヒ」や「プラゼ」と言っているのが耳に残った。それがプラハを意味していることはなんとなく想像がついたが、固有名詞が変化するなんて、なんとも奇妙な感じがした。それがチェコ語の、ひいてはチェコの第一印象になった。

チェコ語は世界でいちばんむずかしい言語のひとつだといわれる。文法は複雑で、発音も困難を極める。似たような綴りの単語が多く、またひとつの単語にいくつもの意味があるのもやっかいだ。フィンランド語のほうがむずかしいというチェコ人もいるが、少なくとも発音がいちばんむずかしいのはチェコ語だと、ギネスブックにも載っている。実際チェコ人はだれしも、チェコ語はむずかしいと口をそろえる。

どうしてこれほど複雑になったのかはよくわからないが、チェコ語が長らく庶民の話し言葉として発展してきたこともその理由のひとつだろう。チェコ語が今日のようなかたちになったのはヤン・フスの功績である。フスは十四世紀から十五世紀に活躍した宗教改革者で、プロテスタントの先駆者として知られる。プラハのベツレヘム教会の説教師となったフスは、だれにでも説教が理解できるように、教会の言葉だったラテン語ではなく、チェコ語で説教をした。このときフスはチェコ語を文字で表記するため、ハーチェクと呼ばれる独特のアクセント記号を生み出した。

このハーチェクには「č」「š」「ž」「ř」「ě」などがり、あえてカタカナで書けばそれぞれ「チュ」「シュ」「ジュ」「ジュ」「イェ」となるチェコ語独自の発音である。たとえば「ř」は巻き舌で発音する「r」にハーチェクがついたもので、チェコ人がきれいに発音すれば「ジュ」というカタカナとはまったく別物になる。しかし、「ジュ」と発音しても通じないわけではなく、実際、チェコの人でもきちんと発音できず、カタカナに近い発音をしている人が少なくはない。チェコの生んだ世界的な作曲家アントニン・ドヴォルザークも名前に「ř」があり、「ドヴォジャーク」と記したほうが現地の読み方に近い。

文法も複雑だ。名詞や形容詞には七つの格変化があり、さらに名詞には男性名詞・女性名詞・中性名詞がある。また、主語を省くことができたり、文章を構成する語順が自由だったりと、なんとも曖昧なのである。チェコ人に言わせれば、それでニュアンスが微妙に変わってくる。これらの要素が複雑にからみ合い、全体としてはなんとも理解しがたい、摩訶不思議な言葉になっているのだ。「明晰でないものはフランス語ではない」といわれるが、逆にチェコ語は明晰でないものの最たる言葉だといってもいいかもしれない。

チェコ語人口はおよそ一二〇〇万人といわれている。近しい言葉であるスロヴァキア語人口の六〇〇万人を合わせても一八〇〇万人程度。共産体制下に長らくあったこともあり、チェコ語を積極的に学ぼうとする人はこれまでごく少数派だった。しかし、近ごろではチェコに住む外国人の数が増え、チェコ語を学ぶ人も増えている。プラハ市内には数多くの語学学校があり、いくつもの種類のチェコ語教材が出版されている。しかし、英語やフランス語、ドイツ語などに比べると、チェコ語の場合、言葉を外国人に教えるメソッドがまだ確立していないように感じる。ぼく自身、大学の夏季講習や語学学校でチェコ語を習ってみたが、急に需要が高まったせいか、授業や教師の質はそれほど高いとは感じなかった。子どもたちを語学学校に通わせるのに躊躇したのはそのためだった。シュタイナー学校の先生たちが望むように、たとえ語学学校の集中授業を受けたとしても、おそらく子どもにはなんの役にも立たなかっただろう。

❖EUが運営する語学学校に通う

ツドイが五年生になると、病気になったマグダレーナ先生からヤナ先生に受け持ちの担任が替わった。すぐヤナ先生から呼び出しを受けた。

「ツドイはまったく授業についてくることができません。学校に来なくてもよいので、語学学校の集中講座に通わせ、チェコ語の勉強をさせてください」

ヤナ先生はきっぱりそう言った。目は笑っていたが、口元は固く結んでいた。そして、語学学校に通い、チェコ語をしっかりマスターしたら、いつでも喜んで学校に迎えると付け加えた。もう明日からツドイは学校に来なくてもよいと言っているように受け取れた。なんとか反駁しなくていけないと思い、感じていること、考えていることを率直に述べることにした。

チェコ語はとてもむずかしく、そう簡単に習得はできない。語学学校には小学生を教えるノウハウはないから、行っても無駄だと感じている。いまはまだはじまったばかりで、時が経てば解決していくはずだから、もうしばらく様子を見てほしい。そう先生に頼むと、渋々ながらも引き下がった。ヒラクのほうが言葉の習得には出遅れていたが、担任のビエラ先生はなにも言わなかった。同じ学校でも先生によって、言葉の問題への対応には大きなちがいがあった。ヒラクはまだチェコに来たばかりなのだから、言葉ができなくて当たり前だとビエラ先生は思っているらしい。

それからほどなくして、シュタイナー学校と、プラハ市内にある一般校が交流する機会があった。たまたま様子を見学に行ったが、先生との立ち話で、毎週水曜日、EU主催による外国人子弟向けのチェコ語教室がその学校で開かれていることを知った。週の半ばにあたる水曜日はいつも学校が早めに終わり、その学校も家に帰る途中にある。好都合だった。次の週、さっそくツドイと二人で学校に出かけてみた。ずいぶん大きな学校で、授業をする教室を探しているうちに迷うほどだった。体育館もあった。シュタイナー学校とは大ちがいである。授業は二時間。最初の一時間は『小さな外国人のためのチェコ語』という教材を使い、チェコ語の勉強をする。教材は無償で配られ、授業料もかからない。日本人はツドイだけで、ほかに中国人と台湾人、アメリカ人の生徒がいた。

この教材は学校生活を軸に、日々の暮らしにまつわるさまざまなトピックスで章分けされ、とてもよくできている。先生はこの教材を使いながら授業を進め、後半の一時間は学校の生徒と体育館で遊んで過ごした。チェコ人と一緒に遊ぶことで、生のチェコ語に触れさせるのがねらいのようだ。ヒラクも行けばよいと思ったが、低学年が中心なこともあって嫌がった。

最初のうち、ツドイは張り切って出かけた。しかし、しばらくすると「役に立たない」と言いはじめた。マグダとの勉強のおかげで授業は彼女なりにほぼ完璧に理解でき、物足りなさを感じている様子だった。ツドイはすでに正確なチェコ語の発音を身につけていたが、ほかの生徒はまだうまくできず、足を引っ張られていると感じたようだ。授業がなく、体育館で遊ぶだけの日が続いたり、担当の先生がよく替わることも不満の種だった。それでもとにかく一年はがんばってみようとなだめた。

❖教師や親たちの試行錯誤

夏休みのあいだ、マグダは毎日のように家に来て、子どもたちにチェコ語を教えた。妻もそこに参加し、一緒になって勉強していた。子どもたちが体で覚えようとする一方、妻は日本から持ってきたチェコ語の教科書を参照し、文法から覚えようとした。はじめのうちは妻のほうがよく理解し、子どもたちに教えようとさえしたが、ほどなくするとすっかり逆転していた。

マグダは実に熱心に教えてくれた。マグダでなければ、子どもたちに最初の壁を乗り越えさせることはできなかっただろう。まったくわからないから、少しはわかるようになるまでの壁である。しかし、新学期を迎え、授業が本格的にはじまると、マグダの教え方では間に合わなくなっていた。授業にきちんとついていくことが求められたからである。それに学校の授業を受けるのが精いっぱいで、マグダとの勉強にもだんだん身が入らなくなっていった。毎日やっていた勉強は週一回になり、二週間に一回になり、そのうちまったくやらなくなった。

担任のヤナ先生が放課後、ツドイにチェコ語を教えると言い出したのはそんな折のことだった。ツドイのレベルに合わせて授業をしていたら、クラスメイトの妨げになると、先生はイライラしていた。

「一時間二〇〇コルナを払うように」と先生は言う。日本ならこうした居残り勉強は先生のボランティアになるのだろうが、きちんと謝礼を払うのがチェコ流だった。先生に見てもらえるのなら、もちろんそれに越したことはない。

先生とこうして放課後、一日の勉強をほんの少しでも復習することで、ツドイの理解はぐんと高まった。授業についていけなくとも、挽回がある程度できたのである。しかし、ヤナ先生は別のことを感じていた。ツドイが授業中まったく理解していないことを確信し、すっかり絶望していたのである。

「ツドイはクラスメイトのだれよりも一生懸命、ノートをとっています。きれいに、丁寧に書いている。でも、なにひとつわかっていない。それが歯がゆいのよ」とヤナ先生は嘆く。先生との放課後の授業は二週間足らずで終わった。先生がやはりやめたいと言い出したのである。ツドイにばかりかまっていられないと思ったのだろう。残念だが、先生の意向を尊重するしかなかった。

そんなツドイに救いの手を差し伸べたのは、ほかの学年の親だった。放課後、一部の親がボランティアで学校に来て、子どもたちが校庭で遊ぶのを見たり、工作を教えているのだが、その親の一人〝ベロニカちゃんのお母さん〟が熱心にチェコ語をツドイに教えはじめたのである。ツドイのことを見て見ぬふりをするのができなかったようだ。よほど教え方が上手だったのだろうか。この親から教わったことで、ツドイはチェコ語がだいぶわかるようになったという。マグダは厳しく、おもしろかったが、〝ベロニカちゃんのお母さん〟はやさしく、丁寧だった。一度お礼を言わなくてはと思っているのだが、ほかの学年だということもあり、その親の名前さえ、ぼくは知らない。チェコで暮らしはじめてからというもの、手を差し伸べてくれる人は決まってみなこんなふうにそっと力を貸してくれた。

❖若い先生たちとの出会い

遊びながら言葉の習得をしていけばいいと思っていたツドイに比べ、ヒラクはもっと効率的に学ぶ必要があった。八年生になって授業の内容はますますむずかしくなり、高校受験のことも考えなくてはいけなくなっていた。インターネットで日本語の先生を探しているとの掲示を見つけたのはそんなときのことだった。さっそく連絡し、やりとりをした。ヤルダという男性だった。チェコガラスの老舗モーゼルで店員としてアルバイトをしながら、大学受験の準備をしているという。日本語はある程度できるが、日本人客の相手をするため、もっと上達したいというのが彼の希望だった。そこで妻が彼に日本語を教える代わりに、ヒラクにチェコ語を教えてほしいと頼んだ。二つ返事でＯＫになった。

毎週水曜日、ムーステック駅にほど近いシュコルスカー（学校）通りにある喫茶店カフェ・テラピーで落ち合うのが日課になった。まず妻が自分でつくった手書きの教材を使ってヤルダに教え、そのあと学校帰りのヒラクと交代する。学生がたくさん集まるその喫茶店は、一杯のコーヒーで何時間粘っても、だれも嫌な顔をしなかった。チェコ語を教えてもらうといっても、チェコ語そのものを習うのではなく、学校の授業でわからないところを見てもらっていた。ヤルダは英語もドイツ語も堪能で、聞けばなんでも答えてくれた。ヒラクになにが不足しているのかを考え、自作のプリントを用意してくれたりもした。ヒラクは年上のヤルダを兄のように慕い、毎回の授業を心待ちにしていた。ヤルダはヤルダで、そんなヒラクに会うのがなによりの楽しみだという。

一方、カレル大学の掲示板に日本語の勉強をしたいと書いた紙を貼っていて知り合ったのがミシャだった。ミシャにはぼくが日本語の基礎を教え、代わりにツドイの勉強を見てもらおうと考えていた。まず手はじめに、二匹のウサギが登場するアニメ『ボブとボベック』の台詞を書き起こし、ビデオを見ながらおもしろおかしく勉強できるようにしようと考えた。社会主義時代に制作されたチェコの傑作アニメである。さすがにアニメを教材にするにはまだ早すぎたが、ツドイは繰り返し何度も見ていた。

ヒラクとヤルダの関係に比べると、ツドイとミシャは年が離れていた。ミシャはきっと退屈なはずだったが、ツドイの年齢に合わせて振る舞い、少しでも楽しくしようとしていた。ミシャにはほかにも生活していくうえで困ったことを解決してもらったり、仕事のアシスタントを頼んだこともある。学校での個人面談や、ビザの更新のとき、一緒に行ったのもミシャだった。そのたびに嫌な顔ひとつせず、手伝ってくれた。彼女がいなかったら、プラハでの生活が軌道に乗っていたかさえ疑わしい。日本を遠く離れて縁もゆかりもない異国の街に暮らしはじめてからというもの、頼れる者はだれ一人いないのだと、ひしひしと感じることがある。こうしたなか、ヤルダやミシャの存在は大きな救いとなっていた。

❖友だちからの誘い

チェコに住みはじめて最初のころ、ヒラクもツドイも友だちから遊びに誘われることはなかった。誘われても、なにを言っているのかわからなかったのだろう。学校からはまっすぐ家に帰ってきたし、週末も家にいた。通っている学校がちがうので、村の子どもたちが遊びに来ることもなかった。

そんなとき、同じ村に住むイギリス人のベンが、娘のアニーを遊びに行かせると言ってきた。アニーも村の子どもたちと同じ学校ではなく、プラハにある美術に力を入れた小学校に通っていた。英語もチェコ語も不自由なかったが、村に友だちはおらず、毎日、つまらなそうに過ごしているのだという。「実験だよ、実験。どうなるか見ものだぜ」とベンはいたずらっぽく笑う。アニーはツドイと同い年。うまくいけばまたとない友だちになるだろうと、ぼくもベンも同じ親として期待した。なんだかお見合いのようだった。しかし、〝実験〟はものの一〇分もたたないうちにあっけなく終わった。言葉がまったく通じないものだから、気の強いアニーはすっかり退屈し、帰ると言い出したのである。

ヤンとマグダの一人息子ミクラーシュだけは、ちょくちょくヒラクを訪ねて遊びに来た。いつも決まって夕食時だった。日本食に興味を覚え、箸を器用に使っていた。ご飯二合分のおにぎりをぺろりと平らげたこともある。同じシュタイナー学校の一年先輩であるミクラーシュには、ヒラクの勉強につきあってもらえればとの期待もあった。しかし、勉強があまり得意ではないミクラーシュはほんの少しだけつきあうそぶりを見せ、すぐに遊びはじめた。そのうちご飯を食べ終えるとすぐ帰るようになった。言葉が通じないので、遊んでもやはりおもしろくないらしい。

言葉を本当に学べるのは先生からでも家庭教師からでもなく、友だちとのやりとりを通じてだと思っていただけに、端で見ていてやきもきしていた。思いあまってミシャに頼み、ツドイがクラスメイトと遊ぶときに通訳をしてもらおうかと考えたほどだ。しかし、五年生の一学期も終わりに近づくと、ツドイは学校帰りに友だちと図書館に行ったり、ペットショップに動物を見に行ったりするようになった。誕生日会に呼ばれて友だちの家に泊まったり、週末、遊園地や映画館に行くことも多くなった。クリスマスには家に友だちを招いた。

こうして友だちと遊びながら、ツドイは言葉を貪欲に吸収していった。けがをして先生のところに行くときは「ボリー・ト」と言っているので、それは「痛い」の意味だろうとツドイは想像したという。宿題を忘れて先生に怒られそうなときは「ボイーム・セ」と言っているので、「怖い」の意味だろうと考えた。間違いもあったが、たいていはツドイの予想どおりだった。言葉がツドイの頭の中にどんどん貯まっていった。口にはすぐ出てこなくとも、相手の言うことは徐々にわかるようになったのである。

❖むずかしいことから簡単なことへ

プラハでの生活も一年あまりが過ぎたころだった。日本からプラハに遊びに来る友人のために、駅で地下鉄の一週間切符をヒラクに買わせようとしたことがある。しかし、そんなごく簡単なことが言えず、しどろもどろになっていた。毎日学校で授業を受け、家庭教師のヤルダからも習っている。それなりにチェコ語がわかってきているのだろうとばかり思っていただけに、びっくりしてしまった。そんなヒラクの姿を目の当たりにして、生活していくうえで肝心な部分がすっぽりそのまま抜け落ちてしまっているのではないかと感じた。学校では手を構成する細かな骨の名前を学んだり、歴史の勉強をしたが、語学学校ではないのでごく日常的な会話を習うことはない。ヒラクのチェコ語がなかなか上達しないのはそのせいかもしれなかった。

それ以来、ヒラクにはなにかにつけて表に立たせ、とにかくチェコ語を話させようとした。対面販売の店で買い物をさせ、役所の窓口での交渉を手伝わせた。なにか用事があって来ていることは相手もわかっているので、うまく伝わらなくとも、「これが欲しいのか」「こういうことが言いたいのか」と助け船を出してくれた。なかには面倒くさそうな顔をして邪険にしたり、怒り出す人もいたが、たいていの人は親切だった。

シュタイナー学校では八年生になると、一年かけて練習し、一つの大きな劇を完成させる。ヒラクにも役が与えられ、学年末にプラハ市内の劇場で行なった発表会で堂々と演じた。その発表会が終わったあと、打ち上げにクラスのみんなでチャイヨブナーに行くことになった。「みんなとお茶するから、今日は遅くなる」とヒラクがうれしそうに、声を弾ませて電話をしてきた。この演劇を通じて、ヒラクはようやくクラスメイトとひとつになれたと感じたようだった。

ヒラクにもクラスメイトから遊びに行こうとの誘いがくるようになったのはそれからだった。ヤーヒムにクリシュトフ、それに女の子のカトカの三人が仲のよいグループとなり、休日、遊びに出かけたり、友だちの家に泊まって一緒に過ごすようになった。みんな飾らない、素直な子ばかりだった。ヤーヒムといえば、学校に通うようになってまだ間もないころ、ヒラクに柔道の技をかけてほしいと言ってきた子である。そのときからヤーヒムは日本人のヒラクに関心を示していた。しかし、言葉が通じないので、近づきたくとも近づけず、教室で顔を合わせる以上には発展しなかったようだ。

ヤーヒムに呼び出され、夕方からヒラクがそそくさと出かける日が少しずつ増えていった。カメラマン志望のヤーヒムはヒラクと二人で何時間もプラハの街を歩き回り、写真を撮った。そのあと二人はチャイヨブナーに行っては、一杯のお茶で長話をする。クリシュトフとカトカがそこに加わることもあった。わからないなりにも話をしようとすることで、ヒラクもまたチェコ語の理解力をずいぶん高めていった。語学学校に行くよりも、こうしてよほど生きた言葉を学んでいた。

❖娘の大ピンチ、言葉を覚えなければ退学！

「学校をやめてもらいます」

ツドイの担任ヤナ先生から、ある日突然電話があった。チェコ語の能力が学校に通うには不十分なため、法律に基づき、退学手続きの準備をはじめるというのだ。先生の声には「自由な学校」であるシュタイナー学校のイメージとはほど遠い、突き放したような厳しさがあった。いったいなにごとが起こったのかと、戸惑いを通り越して愕然とし、怒りさえ覚えた。五年生の半ばころのことである。

たしかに予兆はあった。学校に来なくてよいから語学学校に通うようにと、何度となく聞かされてきた。チェコ語ができるようになってから、あらためて学校に迎える。それがヤナ先生の考えだった。先生の言葉は悲鳴のようだった。しかし、ぼくは聞こえないふりをして聞き流してきた。語学学校に行っても、とても身につくとは思えなかった。一人のネイティブ教師を前に外国人同士で学ぶ言葉は、生きた言葉ではないと感じていたのである。それよりも、わからないなりに授業を一生懸命聞き、クラスメイトたちと触れ合っていくうちに、少しずつ覚えていったほうがいい。

この退学通告はカメラマンのヤンの耳にも入ったようで、連絡をしてきた。同じ村に住んではいたが、ヤンは主にチェコ国外で仕事をしているため、会う機会はほとんどなかった。久しぶりに村のホスポダ（居酒屋）で落ち合い、どうすべきか話し合うことになった。ヤンはヤナ先生の意見に賛成だと切り出した。まだ一年しか経っていないのに、言葉を習得するなんて無理だと反論すると、無理を承知でチェコに来たのだから仕方がないと言い返してきた。高圧的にそう話すヤンを遮ったのはマグダだった。そして、ヒラクもツドイもよくやっているし、最初のころに比べたら、本当によくできるようになったと慰めの言葉をかけてきた。担任の先生からの退学通告という目の前の問題をなんとか解決するにはどうしたよいのか、少しでも参考になる意見が聞ければと思った。しかし、ヤンと話をしていても堂々巡りするばかりで、埒があかない。これ以上、話をしても時間の無駄だった。ヤンとマグダに軽く挨拶をして席を立ち、ホスポダをあとにした。家に帰る道すがら、異国の空の下、ツドイを守れるのはぼくしかいないのだと、絶望的な孤独を感じていた。日本に帰ろうかとも思った。

❖クラスメイトが考えた簡単なチェコ語

ヤナ先生による突然の退学通告はツドイばかりではなく、クラスメイトにも大きな衝撃を与えた。ツドイをなんとかしよう。最初に立ち上がったのは、ボイタやロマンら、クラスのガキ大将たちだった。ちょくちょく電話をかけてきては宿題の答えを教え、学校に持っていく持ち物を確認し、忘れ物がないようにした。ボイタのお父さんのペトルはアメリカかぶれで、長い髪をうしろで束ね、いつもヒッピーのようないでたちをしているが、れっきとしたプラハの市議会議員だった。ぼくと同い年だということもあって気が合い、ボイタをうまくそそのかしてくれていたようだ。ペトルはそのことについてとくになにも言わなかったが、たぶんそうなのだろうと察しはついた。

ミリアン（左）と「簡単なチェコ語」で話しながら、ツドイのチェコ語は見る見る上達した

いちばんの親友ミリアンは、ツドイがわかりやすいように、〝簡単なチェコ語〟を編み出した。七つもある格変化や、名詞の性など、複雑な文法を簡略化した、いわば幼児語である。わからないことがあるとツドイは質問し、ミリアンがそれをわかりやすいように「翻訳」した。ミリアンはツドイの手となり足となった。複雑でむずかしいことでも、ミリアンさえそばにいてくれれば、なんとか理解できるようになったのである。言葉にもがき苦しむ日々を過ごすなかで、ついにはオンドラーというボーイフレンドまでできてしまった。彼はいつもツドイのそばにいては、なにかと世話を焼き、面倒を見た。喧嘩もよくするが、お互いまんざらでもないようである。

ミリアンのお父さんユラはよく知られた彫刻家で、彼とも気が合い、父母会のときなどによく話をした。普段からメールのやりとりをして、たわいもないことを書き合った。個展の案内状が届くと顔を出したりもした。日本に強い興味を持っていて、いつしか日本に行ってみたいという。こうした親同士のつきあいがあるから、ボイタにしろミリアンにしろ、ツドイに手を差し伸べようとしたのだろう。このあたりは日本もチェコもなんら変わりはない。

そうこうしているうちに、世界にあまたある言語のなかでもとくにむずかしいといわれるチェコ語を、ツドイはいつの間にか上手に操るようになっていた。発音やアクセントもチェコ人と変わらない、きれいで、正確なチェコ語である。はじめのうちは単語を羅列するだけだったが、徐々にそれが文章になっていった。いつしか格変化や名詞の性も習得していた。「言いやすいように言っているだけ。なんだかわからないけど、それで合っているんだ」とツドイは言う。チェコ語の複雑怪奇な文法も、案外そんなものなのかもしれない。

この驚くほどの進歩にいちばん喜んだのはヤナ先生である。退学通告はいつしかうやむやになり、先生は二度と口にすることはなかった。成長したのはツドイばかりではない。言葉が満足にできない一人のヤポンカの存在を通じ、幼かったクラスメイトはずいぶん成長し、たくましくなった気がする。入学にあたってハナ校長先生は「学校の改革」と盛んにつぶやいていたが、外国人を受け入れることで、学校全体にこのような変化が起きることを期待しているのかもしれない。

❖卒業できない⁉　ヒラクの難局

買い物から帰ってきた妻が、バス停で久しぶりにマグダと出会ったと言った。そのときマグダはものすごい剣幕で一緒にいたミシャになにかまくし立てていたが、なにを言っているのか、さっぱりわからなかったという。なにがあったのだろうと気になったが、ミシャからの連絡でわかった。

「ヒラクはこのまま学校にいても卒業ができない」

それはハナ校長先生からマグダへの伝言だった。八年生がもうじき終わるころのことである。ツドイの〝退学通告事件〟が一段落した矢先のことで、またかと驚きを感じ、唖然とさせられた。これまで学校の様子をヒラクに聞いてもいつも「大丈夫」「問題ない」と言うばかりだった。物静かなビエラ先生はヤナ先生とはちがい、ヒラクのことでなにか言ってくることはこれまでとくになかった。いきなりのだめ出しだったのである。

「中学校を卒業できなかったら、この先、高校へはもちろん、大学にも進めなくなる。義務教育である中学校を卒業していない人はチェコにはまずいない。これはたいへんなことになった」。マグダは血相を変えて妻とミシャにそう言っていたのだそうだ。

なんだか伝言ゲームのようで、話の筋がよく見えなかった。状況もわからない。だいいち合点がいかなかった。ハナ校長先生に面会を求め、さっそく会いに出かけた。校長室ではビエラ先生も待っていた。問題はやはりチェコ語だった。先生がこれまでさまざまな問題を不問に付してきたのは、ヒラクがクラスでいちばん数学ができたことが大きかった。先生の専門だということもあり、なにかと目をかけてくれていたのである。それが突然の騒ぎになったのは、ヒラクがわかるはずの数学の問題をやらず、ちゃんと授業に取り組まなくなったことがきっかけになったらしい。それで先生はがっかりして、いちばんのウィークポイントであるチェコ語を問題にしてきたわけだ。家に帰ってよくよく聞いてみると、日本とチェコのカリキュラムのちがいから、日本で習っていないところだったので、授業の内容がよく理解できなかったとヒラクは言い訳をした。

言葉に問題があるのははじめからわかっていた。だから入学にあたり、一年か二年、学年を落としてほしいとの要望をハナ校長先生に伝えた。それを心理学的に問題があるといって、学年を変えなかったのは校長先生である。卒業できないというのであれば、今から落第をさせ、八年生をもう一度やらせてほしいとお願いした。一度やったことは理解度も高いだろうから、その分、チェコ語も伸びるだろうと説得した。

そのときずうっと黙って話を聞いていたビエラ先生が重たい口を開いた。

「ヒラクはクラスに溶け込み、いまではすっかりクラスに欠かせない存在となっています。ですから、八年生を二回やるのは反対です」

結局このままクラスメイトと一緒に九年生に進級し、そのあともう一回、九年生で学び、高校進学に備えることになった。それは願ってもないことだった。このまま高校を受験しても、とても合格できるとは思えなかったからである。浪人して家にいることにでもなったら、それこそ引きこもりになりかねない。ビエラ先生の言葉を聞いて、学校でのヒラクの様子がこのときはじめてよくわかり、安心もした。それにしてもヒラクもツドイもよい先生とクラスメイトに恵まれたものだと思った。

❖「わかる」と「わからない」の境界線

子どもたちが言葉を習得していくのに、いくつも壁があった。最大の壁は、わかっているけどわからないという状態を乗り越えることだった。相手の言っていることはわかっても、返事がうまくできない。話をしようとしても、うまく言葉にならない。そんなもやもやが晴れるまで、ずいぶんと時間がかかっていたのである。

ヒラクは片時もチェコ日辞書を手放さず、わからない単語があるとすかさず辞書を引いて調べようとした。きちんと全部理解しないと気がすまない性格だった。ツドイにも同じ辞書を渡していたが、ほとんど使わなかった。辞書を引いても、読めない漢字がたくさんあって、役に立たなかったのである。意味がわからないときは、「どういう意味か想像する」とツドイは言う。語彙を増やすのに、ヒラクは辞書を活用して日本語のフィルターを通そうとした。ツドイはチェコ語をチェコ語としてそのまま吸収していった。二人にはいつしかそんな大きなちがいが生まれていた。このころには二人のチェコ語の能力はとうにぼくを追い越していた。

二年を過ぎるころには、日常生活をするうえで、ヒラクもツドイも不自由がないほどになっていた。それでもわかっているがわからないという壁は屹然と立ちはだかっていた。科目によって、授業の内容についていけるものと、ついていけないものとに分かれてきた。とくに歴史の授業にはヒラクもツドイも同じようにつまずいた。「わからないはずがないので、家でちゃんとノートを見てあげてください」と先生は言う。たしかにわからないはずはないようだった。歴史上の人物や地名、史実など、名詞が次々に出てきて、それをきちんと覚えていなかっただけなのである。問題はチェコ語ではなかったのだ。

ヒラクは日本語で書かれた世界史の教科書や詳しい参考書を欲しがった。日本語できちんと内容を理解すれば、チェコ語でも太刀打ちできると思ったようだ。さっそく日本から高校生向けの教科書と参考書を取り寄せた。しかし、あまり役には立たなかったようだ。ギリシア・ローマの時代の歴史ひとつとっても、チェコの中学校で習うもののほうが日本の高校で習うものよりはるかに詳しく、調べたいものが出てこなかったのである。同じ人名や地名でも、日本語とチェコ語ではずいぶんと異なるものもあった。歴史に限らない。どんな科目でも、新しいことを学べば学ぶほど、未知の名詞が洪水のようにたくさんなだれ込んでくる。さすがのツドイもいくらどういう意味かを想像しても、どうにもならなかった。シュタイナー学校では授業の内容を記憶することは求められていないとはいっても、とにかく名詞を覚えていかないと、わからない言葉に足を引っ張られ、全体がわからなくなってしまう。その点が二人にとって大きな障壁になっていたのはたしかかもしれない。

いつしか問題は言葉ができるかどうかではなく、ちゃんと勉強をしているかどうかにすり替わっていたのだ。日本の学校で授業を受けているのとまったく変わらなくなったといってもいいだろう。チェコ語ができないからという免罪符はもはや効かなくなっていた。ある日の父母会で、チェコ語の文法や綴り方がいちばんできるのはツドイだと先生が言い出して、父母のあいだから拍手が起きるとともに、みんながなんとも複雑な表情を浮かべていたことがあった。つい先日までまったくチェコ語ができなかったのだから驚くしかなかったのだろう。この時点でツドイは言葉の問題をクリアしていたといってよいのかもしれない。それから先はほかのクラスメイトと同じように、授業内容をきちんと理解しているか、理解していないかという問題になっていたのである。

❖日本語とチェコ語の狭間で

ツドイはいまも不自由なく日本語を話している。それでもときどき「チェコ語でなんて言うのかはわかるのだけど、日本語ではわからない」と言い出すことがある。最初はそんなふうに言って格好をつけているのかと思ったが、どうもそうではないらしい。ヒラクはチェコ日辞書を引き、チェコ語と日本語を結びつけながら勉強していた。しかし、ツドイはチェコ語をチェコ語のまま理解していたため、チェコ語と日本語がうまく結びついていないようなのである。

チェコの学校で学ぶということは、単に授業をチェコ語で受けることではない。覚えることすべてがチェコ語になることである。地名や人名にしても、チェコ語独自の言い回しが多い。隣国のドイツは「ニィエメッコ」で、オーストリアは「ラコウスコ」。日本人にしてみれば、まったく予想もつかない国名になる。すでによく知っている国ならまだすぐドイツと「ニィエメッコ」が結びつく。しかし、いつもそうだとは限らず、「ミリアンが今度ダーンスコに行くんだって。ダーンスコってどこ？」と言い出したりする。「ダーンスコ」とはデンマークのことである。程度の差こそあれ、いろいろな場面でこうしたことが生じるようになった。

ヒラクは中学校一年生、ツドイは小学校五年生まで日本の学校で学び、そのあとチェコの学校で勉強をはじめた。それ以降、学校で学ぶ新しい知識はどれも日本語ではなく、チェコ語として入ってきている。日本を離れた時点から二人の日本語能力の伸びは止まってはいないものの、それまでに比べて、とても緩やかなものになってしまった。こうしたなかで、日本語とチェコ語はあるときは一直線でつながり、あるときは断絶し、またあるときは複雑にからみ合うようになった。

当初は語学としてチェコ語を勉強するので精いっぱいだった。その間、日本語の勉強は目をつぶることにした。それを乗り越えると、日本語とチェコ語のあいだで揺れ動くようになった。辞書をできるだけ引き、日本語のフィルターを通そうとしているヒラクでさえ、チェコ語でしかわからないことがいくつも出てきている。そのせいか、チェコ語を話すときも、日本語を話すときも、「え〜」と挟むようになった。日本にいたときにはなかった口癖である。「え〜」と言いながら、次に言うことを考えているわけだ。チェコで新しく学んだ分だけ、本当は日本語の勉強もしなくては、知識のバランスがうまく保てないということなのだろう。語学がいくら堪能でも日本語が中途半端だと、仕事では使い物にならない。いろいろな人からそう聞かされ、忠告されてきた。日本企業で働くのであればもちろん、外国企業でもそうなのだという。たぶんそんなものだろうと思いつつ、母国語をおろそかにすべきではないとの戒めとして受け取っている。

ヒラクとツドイにとって、日々の生活の大半を占める学校はチェコの世界である。しかし、家に帰れば完全な日本の世界となる。日本語を話し、ご飯を炊き、卓袱台で食事をする。まったく日本と変わらない生活だ。家の玄関がまるで〝どこでもドア〟になっているかのようで、「日本」から一歩外に出るとチェコになる。もし両親のどちらかがチェコ人であれば、そのギャップはもっと小さなものだったはずだ。

❖コミュニケーションを楽しむ、コミュニケーションに苦しむ

ぼくは大学でフランス文学を専攻した。フランスの文学への興味からだった。勉強をして、原書を読めるようにはなった。しかし、それは言葉として習得したというよりは、暗号を解読できるように

なったといったほうが感覚的には近い。読み書きはできても、話すのは得意なほうではない。だれかとコミュニケーションするために学んだわけではなかったし、そもそも日本にいては話す機会などほとんどなかった。

ヒラクとツドイはチェコ語を習得するにあたり、外国人向けにつくられたチェコ語の教科書を使わなかった。買い与えてはいたが、まっさらなままだ。二人はまったくわからない授業を受け続け、クラスメイトと遊び、村に住む近隣の人たちと交流することで、自然と身につけていったのである。それはぼくのように暗号を解読するために学んだのではなく、生身の人間とぶつかり合い、喜びや悲しみを共有し、コミュニケーションをするためだった。

赤ん坊が言葉を習得していくように、二人は言葉を周囲の人たちとのコミュニケーションを通じて身につけていった。まったくわからない無の状態からの出発だ。振り返れば長い道のりだった。時間はずいぶんかかった。当初予期していたよりも倍はかかった。その間、先生から突然退学の通告を受けたり、このまま学校にいても卒業はできないと暗に退学を匂わされたりもした。だからといって、親としてどうすることもできず、見守るしかなかった。

「村のまわりに見渡す限り広がる草原を見て、ここでやっていくしかないと思ったんだ」

ぼくの母がプラハに遊びに来たとき、ヒラクは母を草原に案内して、そんなことを言ったのだそうだ。プラハに引っ越してまだ間もないころ、ヒラクはだれにも言わず、一人、そんな決意をしていたのだった。プラハになんて行きたくないと日本では毎日のように泣いていたが、いざ来てしまったら腹をくくったようだ。山ほどの困難に直面しながら、ヒラクとツドイはそれを乗り越えていった。それは二人とも人とのコミュニケーションがなによりも好きだったからなのだろう。小さな子どもの時分から二人は友だちと過ごすことをなにより好んだ。積極的に人との触れ合いを求めてきた。

二人はコミュニケーションを楽しみながらも、コミュニケーションに苦しんだ。言葉ができるようになると、チェコ人と日本人の考え方や振る舞い方のちがいに悩んだ。英語やドイツ語を学ぶことでイギリス人やドイツ人に接するようになると、またそれぞれにお国柄がちがうことにも気がついた。言葉を学ぶことはその国の文化を学ぶことである。日本の共同体ではほとんどが日本人だったが、チェコではいろいろな国の人と出会う。ぼくら家族にしてもチェコでは外国人だ。二人はときどきその事実を忘れてしまっているのだが、いくらチェコ語ができるようになっても、それは永遠に変わることはないのだ。

ある日、ヒラクは野球好きのチェコ人と出会い、彼の代わりに試合に出てほしいと頼まれた。助っ人としてだったが、それはヒラクをチームに引き込むための方便だったようだ。いつの間にか大人ばかりのチームの一員となり、しかも九人しかいないものだからさっそくレギュラーにもなった。以来、毎週ある練習に、嬉々として出かけている。「エコノミー」というチーム名は、メンバーが銀行マンら経済になんらかの関係があることに由来し、ヒラクもチェコの経済問題に興味を寄せるようになった。プラハでの生活をはじめたころ、村の子どもたちと野球をやろうとして嫌われ、一人寂しそうにバットやグローブを持って村を徘徊していたときから、四年の月日が流れていた。これもチェコ語が不自由なくできるようになったからこその出会いだったのだろう。念願だったチェコで野球の伝道師になる日も近いのかもしれない。

第5章 充実した課外活動と休日の顔

❖テレビを見せる、見せない

「お子さんにテレビを見せていますか」

シュタイナー学校に入学を希望し、はじめて面談に行ったとき、ハナ校長先生から唐突に尋ねられた。テレビを子どもに見せないことがシュタイナー教育では奨励されていることを前から知っていたこともあり、やはりそうきたかと感じた。

テレビを見せないことは、シュタイナー教育の性格を端的に表す具体例として、いちばんよく知られていることかもしれない。今日、多くの人にとってテレビはあって当たり前の存在であり、テレビのない生活なんて思いもつかない人が多いことだろう。チェコでも大きな画面の液晶テレビが人気だ。二台目、三台目のテレビを買い、各部屋におくのが夢という人も少なくない。そのテレビを見せないのだから、それだけでもシュタイナー学校はずいぶんと変わった学校で、いささかエキセントリックな教育だとの風評を生み出すのに十分だろう。

シュタイナー学校ではなぜテレビがよくないと考えているのか。番組の内容が低俗で、教育上よくないから、というわけではない。世界紀行のような一般に質が高いと考えられているドキュメンタリーもよくないとされるのである。それは、実際に自分の目で見たり、体験したりする前に疑似体験し、知識を得ることは、子どもの感性が育まれるのを阻害してしまうと考えるからである。そして、子どもが自分の価値観に基づき、きちんとした判断ができるようになる前から、一方的に情報を植えつけられる点にも、テレビの問題はあるとシュタイナー教育はとらえている。

実はわが家では日本にいるときからテレビをまったく見ていない。とはいえそれは別にシュタイナー教育の一環としてそうしたわけではなかった。食事中、テレビに夢中になるのをやめさせるためだったにすぎない。テレビを見ながら食事をするなと叱りながらも、いちばん熱中して見ているのはテレビっ子として育ってきたぼくだった。そのことに矛盾を感じ、自己嫌悪に陥ったことから、ヒラクが幼稚園に通いはじめたころ、屋根の上のアンテナをはずしてしまったのである。はじめのうちはもの足りないものがあったが、そのうちまったく気にならなくなった。こうしていつしかテレビを見ない生活が当たり前になっていった。もっともテレビを捨ててしまったわけではなく、ビデオやＤＶＤで映画を家族みんなで見ていた。それはチェコでの生活をはじめたいまでも続いている。

シュタイナー学校でテレビを見せないのは、シュタイナー教育の基本的な考え方である、成長に合わせた教育のありようと密接に関係している。意志の成長が育まれる第一期（〇〜七歳）ではテレビを見せてはいけないが、感情の成長期である第二期（七〜十四歳）になると少しは見せてもよく、思考の成長期にあたる第三期（十四〜二十一歳）では本人の意志に委ねられる、という具合だ。つまりまったくテレビを見せてはいけないというわけではなく、心の成長を見計らい、年齢相応のかかわり方や接し方をすべきであるというわけだ。また、テレビはあくまで代表として挙げられているだけで、それは書物や音楽、コンピューターなど、多くのものにも当てはまる。

ハナ校長先生には、子どもたちがコンピューターを使っているかどうかも尋ねられた。テレビは見ていなかったが、コンピューターは二人の子どもに一台ずつ与えていた。日本にいる祖父母や友人たちとインターネットで電話をしたり、メールのやりとりをするためだった。学校の勉強でついていけないことを調べるのにも不可欠だと判断した。

「コンピューターが子どもに与える影響はテレビとなんら変わりはありません。しかし、いまの時代、コンピューターやインターネットを使いこなす必要もありますからね」

パソコンの授業を受け持つハナ校長先生の言葉には、いつになく歯切れの悪いものがあった。テレビを見せるか見せないかは、親の判断次第で、学校が強制することではない。実際、シュタイナー学校の教室でも、日本の学校ほどではないにせよ、テレビの人気アニメやドラマが話題になることがある。しかし、テレビを見ていないヒラクとツドイは相変わらず話の輪には入れないでいる。

❖バザーで小遣い稼ぎ

一年に二回、シュタイナー学校は、学校を挙げてのお祭り騒ぎになる。イースター（復活祭）とクリスマスの前に開かれるバザーである。一般も自由に来校できるため、小さな校舎は大勢の訪問客でにぎわい、ごった返す。いつもは不思議な雰囲気の学校を遠巻きに眺めるだけの近隣の人たちも、いったいどんなところなのだろうとのぞきに来るようだ。各教室では子どもたちが机を並べてお店を開き、自分でつくったアクセサリーや小物、お菓子などを売っている。親が自作の洋服や焼き物を売ったり、ワークショップを開いている教室もある。給食室はちょっとしたレストランになっていて、手作りのオープンサンドやクッキーが並び、熱々のスープもある。バザーでの約束事はただひとつ。自分でつくった手作りのものを売ることだ。

ツドイのお店に顔を出すと、クラスメイトのヨゼフィーナとヨハナと三人で、ひとつの机に並んで座っていた。

バザーで押し寿司と折り紙を売るヒラク

「試食は無料だよ」

ツドイは教室に集まった人たちを呼び止め、パウンドケーキを買ってもらおうとしている。それを聞いたチェコの人たちは、みんなクスクス笑っている。ヤポンカ（日本の女の子）の売り子がよほど珍しいらしい。ケーキはツドイのリクエストで、妻が徹夜でつくったものだった。ヨゼフィーナはビーズでつくった腕輪と携帯電話のストラップを、ヨハナは手編みの靴下を、それぞれ自分の前に並べている。なかでも人気なのが、名前を日本語で書く、ツドイの〝副業〟だ。カタカナで書いたり、漢字を当てたりして、名前を書いていく。紙ばかりではなく、タトゥーのように身体に直接書くよう、頼む人もいる。なぜか「愛」が人気で、リクエストする人が多い。ツドイの書いた漢字に間違いを見つけ、思わずその場で正しい書き方を教えたりもした。ツドイはまわりの目を気にしながら、恥ずかしそうに苦笑いしていた。

九年生の教室では、ヒラクがクリシュトフと並んで座っていた。二人の売り物は押し寿司と折り紙。押し寿司は妻がつくったものだが、折り紙は「バラ」や「亀甲組み」など、複雑で見栄えのするものをヒラクが自分でつくった。はじめのうちは押し寿司をおっかなびっくり見るだけで、だれも手を出そうとはしなかった。それならばと、試食できるようにすると人気が出て、売れはじめた。お寿司を箱に入れ、駅弁を売るように、外で売り歩いたりもした。そのときはクリシュトフが残って店番をし、お寿司を売った。なにか聞かれると、クリシュトフがヒラクに代わってお寿司について説明をしていた。

バザーは一種のボランティアで、売上げは学校に寄付し、運営費などになるのかと思っていた。そのつもりで子どもたちに押し寿司やケーキを用意したのだが、そうではなかった。寄付は売上げの一〇パーセントだけで、残りは売った人のものになる。それを知ったときはいささか驚いたが、このあたりは社会主義の時代を経た、いまのチェコの経済感覚がうかがえる。自分で稼いだものは自分のもの、というわけだ。全額寄付ということなら、やる人はあまりいなくなるかもしれない。終了時間の前には二人とも完売。約束どおりに売上げの一〇パーセントを先生に、材料費を妻に渡すと、ヒラクには一〇〇〇コルナ、ツドイには四〇〇コルナ、それぞれ手元に残った。プレゼント交換など、なにかと物入りのクリスマスを前にして、二人にはよいお小遣い稼ぎになったようだった。

❖誕生日をみんなでお祝い

誕生日を迎えた子どもは、学校に食べ物と飲み物をなにか持っていくことになっている。ケーキやクッキー、果物など、持ってくるものはさまざま。スイカを丸ごと持ってきた子もいる。大きなろうそくに火を灯したあと、それをみんなで食べ、お祝いをする。自分で自分の誕生日を祝うような感じがして、なんだか妙な気もするのだが、これがチェコの習慣だ。

チェコには名前の日という行事もある。本来はキリスト教の行事なのだが、チェコではそれがいつの間にか一人歩きし、生活に根づいている。カレンダーには毎日、人の名前が刻まれていて、だれがいつ名前の日なのか一目でわかるようになっている。オロモウツという街の市庁舎にある大きな天体時計にはその日の名前が刻まれていて、チェコの人たちが名前の日を特別視していることがよくわかる。名前の日にあたる人は誕生日と同じように自分でケーキやジュースを持ってきて、お祝いをする。暦に名前が載っていないツドイも名前の日のお祝いができるように、いつしか「リンダ」というチェコ人名もついた。なぜ「リンダ」だったのか、ツドイにもよくわからない。

これまでヒラクもツドイもクラスメイトの誕生日会に何度となく招かれ、人の家を訪れていた。ハタと呼ばれる別荘に集まり、泊まりがけの誕生日会が開かれたこともある。誕生日会とはいっても、ただ集まって簡単なプレゼントを渡すだけで、親がごちそうをつくることはあまりない。ロフリークという三日月型のパンをみんなでかじるだけということもある。それでも子どもたちは気にしている様子はなく、集まるだけで楽しそうだ。共働きの家庭が多く、なにか用意したくとも用意をすることができないというのが実情である。

ツドイの誕生日会をわが家で開くと、女子を中心にクラスの半分ぐらいの生徒がやってきた。プレゼントはなにかを買ったものよりも、ちょっとした手作りのものが多い。みんな日本の料理に興味があるようで、さすがにロフリークだけというわけにもいかない。しかし、海苔のように海の香りのするものは苦手な子が多いとツドイから聞いていたので、ハンバーグなど、チェコの子どもでも好きそうな日本風の洋食をつくった。使い慣れない箸を使おうとする姿はなんともほほえましい。

食べ終わると、みんなでからみ合うようにしてじゃれ合いはじめた。なにがおもしろいのか、みんなでけっけらけっけら笑っている。そのうちミリアンを中心になにかがはじまった。なにをやっているのか、どうもよくわからない。尋ねると一人芝居ごっこなのだという。座布団を何枚か重ねて高くしたところに座ったミリアンは、なにかになりきって、手振り身振り、表情も豊かに演じている。騒ぎは夜中まで続き、そのうちみんなで一緒になって寝た。寝袋を持参してくるので、布団の心配をすることはない。みんな外泊することに慣れているのである。

ツドイの誕生会はこうして毎年開いていたが、ヒラクは九年生のとき、はじめて開くことになった。それはどうやってお寿司をつくるのか知りたいというヤーヒムの発案だった。誕生日会はその絶好の機会となる。学校のバザーでヒラクが売ったお寿司が生徒のあいだでも好評だったようだ。プラハにはたくさんの寿司バーがあるが、どこも高く、気軽に行けるところではない。それが自分たちの手でつくれるなら願ったりかなったりだろう。

誕生日会当日、ヒラクは朝からそわそわして落ち着かなかった。日本では友だち同士の誕生日会なんて一度もやったことはなく、よほどうれしかったのだろう。集まったクラスメイトは合わせて一〇人。クラスの半分だ。ちょうど高校受験が終わったばかりで、ホッと一段落といった雰囲気が漂っていた。あらかじめ妻の用意した酢飯と具を使い、ヒラクとヤーヒム、それにクリシュトフの三人で海苔巻きにチャレンジする。しかし、ご飯がはみ出したり、しっかり巻けなかったりして、なかなか思うようにはいかない。遅れて来たカトカら女の子が手伝いはじめ、ようやくきれいな海苔巻きがお皿に並ぶようになった。この海苔巻きと、女の子の手作りケーキが誕生日のごちそうになった。会が終わると、「今日は洞窟の中で寝る」と言って、みんなでキャンプに出かけていった。

❖クラスメイトと校内合宿

ヒラクもツドイもなにかあるたびに、学校の教室に寝泊まりする。バザーや学芸会の準備、歌の練習、ハンドワークの作品づくり、誕生日会にクリスマス会。学校に泊まるために寝袋を持って出かけることもあれば、夕方、学校から携帯電話で連絡をしてきて、「今日は学校に泊まる」と言ってくることもある。慣れないうちは家まで寝袋を取りに帰ってきていたが、そのうちわざわざそんなこともしなくなった。学校の近くに住む友だちにちゃっかり借りているらしい。

日本では子どもたちが学校に泊まったことは一度もなかった。ぼくや妻も経験はない。幼稚園のとき、夏休みにタオルケットを持って園舎に泊まり、カレーライスなどをみんなでつくる「お泊まり保育」というものがあったくらいだ。このため学校に泊まると聞くたびに、本当だろうかと訝り、友だちの家を泊まり歩いているのではないかと心配になった。学校に泊まるなんて、よほどのことのような気がしたからである。

行事の準備があるとはいっても、学校に泊まらなくてはいけないほど切迫しているのかといえば、そうでもないようだ。泊まったからといって、はかどるわけでもない。準備そっちのけで、だれかが持ってきたノートパソコンで映画を見たり、ゲームをしたりしている。食事をどうしているのか心配になるが、学校の近くにある大きなスーパーマーケットにみんなで出かけ、パンなどを買って食べているという。クリスマス休みのはじまる前は特別で、みんなでお菓子やサンドイッチ、ジュースなどを持ち寄ってパーティーをし、夜中まで騒いで学校に泊まる。

もちろん子どもたちが勝手に学校に泊まるわけではなく、担任の先生にきちんと確認はとっているようだ。しかし、先生も学校に泊まるわけではないし、先生の代わりにだれか親が来るわけでもない。学校の中は子どもたちだけになる。すべては子どもたちの自主性に委ねられているわけだ。ただし、ヨーロッパは鍵社会だけあって、自分たちの教室と玄関、トイレ以外には鍵がかけられ、立ち入ることができないようになっている。また、ほかの学年の生徒と鉢合わせで学校に泊まることも避けているようだ。騒ぎが大きくなったり、喧嘩になったりすることがあるからだろう。

教室に泊まるのは、男の子も女の子ももちろん一緒。同じ教室で過ごし、同じ教室で寝袋に入って寝る。大半のクラスメイトが一年生からずっと一緒だということもあってか、男女の隔てなく、兄弟姉妹のように仲がいい。日本では大問題になりそうだが、父母会の話題にさえならない。シュタイナー学校に限ったことではなく、チェコの学校では男女の区別をあまりしていないように感じる。基本的になんでも、同じことを同じようにする。その背景には、チェコでは女性の社会進出が著しいことが挙げられるだろう。共働きは当たり前で、地下鉄やトラム（路面電車）を運転する女性も多い。会社や役所の重要なポジションにも就いている。女性の社会進出は第一次世界大戦のときに進んだといわれる。社会主義の時代からの伝統だといわれることもある。このため育児休暇など、女性の社会進

クラスで川遊びに出かけたとき、クリシュトフの長い髪をとくカトカ

出を支える制度がしっかりしている。もっとも物価に比べて給料が概して低く、共働きでないとなかなか生活が成り立たない家庭が多いのが現実だ。

❖幾何学の校外授業で音楽博物館へ

プラハの街を歩いていると、先生が生徒を引率している光景をよく見かける。その機会は日本よりもはるかに多い。小さな児童から高校生まで年齢層は幅広く、歴史的な建造物の前で先生の説明を受けたり、美術館では絵の前で模写をしている。まじめに取り組んでいる生徒もいれば、先生の話を上の空で聞き、ふざけて遊んでいる生徒もいる。それは世界どこでもたいして変わりはないだろう。それでもチェコの子どもたちは、周囲に他人の目があると、努めてお利口に振る舞おうとしているように見える。

シュタイナー学校でも校外授業が盛んだ。出かける機会は一般校よりも多いだろう。体育の授業でプールやスケートに行くことを含めれば、月二、三回のペースにはなる。しかも「明日は博物館のレオナルド・ダ・ヴィンチ展に行きます」というふうに、なんとも気楽に校外学習を行なっている。基本的にはエポックで習っていることや習ったことに関係した内容が多いが、博物館や美術館で興味深い企画展があると、できるだけ行くようにしているようだ。

ヒラクが指先の骨の名前まで調べた生物の授業では、授業の合間、プラハ動物園にクラスそろって出かけた。動物を見ながら、骨について考えるのが目的だった。動物園に行っても先生はとくになんの説明もせず、ゴリラの動きを一時間、ただじっと観察していた。身体を動かすとき、骨がどのように動いているのかをエポックのノートに描いていく。もちろんゴリラが動いても、骨が見えているわけではない。その動きを想像し、イメージしていく。スケッチをする美術的な能力も問われる。思いどおりに描けず、なかなかむずかしかったようだ。

物理の授業では、サム教授に引率され、国立技術博物館に出かけた。一九〇八年に開館した歴史あるこの博物館は、自動車やオートバイ、電車など、チェコが歩んできた工業技術の歴史を一堂に展示している。一九一八年の独立以前、広大なオーストリア帝国のなかでもチェコは工業がとくに発展したエリアだったこともあり、なかなか見応えのある博物館だ。基本的に生徒は自由に見学をするのだが、授業で音のことを学習中だったため、超音波についての展示の前でサム教授は生徒を呼び集め、説明を加えた。

幾何学の郊外授業でツドイは音楽博物館に行った。楽器を見て、その楽器を構成するさまざまなかたちを見つけるというものだった。パイプオルガンのパイプは円柱、ピアノの鍵盤は長方体、ヴァイ

8年生のときに1年かけて取り組む自由研究で、ツドイはブルノにある工房でステンドグラスについて調べた

オリンはヒョウタンみたいという具合だが、表現しがたいかたちもある。幾何学というと図形の面積を出す授業とばかり思っていたが、楽器のなかにあるかたちを考えるなんて、ピュタゴラスのような古代ギリシアの哲学者の発想を髣髴とさせる。こうした授業もあり得るのかと、妙に感動した。

ヒラクもツドイも日本ではゆとり教育を受けた、いわゆる「ゆとり世代」である。導入されたばかりの「総合的な学習の時間」では、車いすを体験したり、近所にあった染物屋や団子屋を訪ね、どのようにしてつくるのかを聞いて回っていた。同じ校外授業でも、チェコと日本では大きくちがう。日本では実際に訪問するに先立ち、「こうしなさい」「ああしなさい」と、先生から詳細かつ具体的な指導がある。質問する内容をあらかじめ考え、事前にしっかり調べておく。一方、チェコでは自由行動が基本。生徒一人ひとりが自由に見学し、感じていくことに重きがおかれる。必要なところだけ先生が顔を出し、生徒に説明を加える。

ヒラクとツドイにどちらがよいと思うかと聞くと「比べようがない」と、二人ともはっきりしない。日本の学校であれこれ先生に指導されるのも、チェコの学校のように自由なのも、ともによい点があると感じているようだ。もっとも二人ともただ、教室で黒板に向かって授業を受けているよりも、外に出かけるのが楽しいだけなのかもしれない。

❖一週間の自然学校でウクライナへ

六月中、学校はなにかと忙しくなり、気ぜわしい日々が続く。運動会やアカデミーと呼ばれる学芸会、それにクラスメイトと一緒に出かける自然学校と、行事続きなのである。夏休みが近づき、長いバカンスをどのように過ごすかが子どもたちのもっぱらの話題となり、九年生の高校受験が終わったこともあって、学校にはどことなく浮ついた空気が流れる。

自然学校は日本の林間学校や修学旅行に相当するもので、一週間あまり旅行に出かけ、先生やクラスメイトとともに過ごす。日本の学校で行った林間学校は二人とも一泊二日だったから、それに比べてずいぶん長旅となる。六年生まではチェコ国内、七年生からは国外に出かける。国外の場合、どこに行きたいか、生徒からの希望がとりあえず聞かれる。しかし、実際には七年生は隣国のスロヴァキア、八年生はルーマニア、そして九年生はウクライナに行くのが定番だ。生徒からはイタリアやフランスに行きたいとの希望が出るのだが、費用がかかりすぎて、とても実現できそうにはない。旅行にかかるのはおおよそ三〇〇〇コルナで、それを二回に分け、父母会のときに集める。チェコの人びと

9年生のときにヒラクが行った自然学校で、ウクライナのカルパチア山脈を歩く

の一カ月あたりの平均所得は二万コルナ強ということもあり、その負担は少なくはない。払えそうにないと、父母会で先生に泣く泣く訴える親もいた。

一週間もの長いあいだ、いったいなにをするのかといえば、とくになにをするわけでも、どこに行くわけでもない。このため事前にプログラムやスケジュールが配られることもない。学校と同じように授業をしたり、学芸会の練習をしたり、プールで泳いだり、あるいは山の中をただひたすら歩き、日々をのんびりと過ごすだけである。高学年で外国に行くといっても、泊まるのはテントで、食事は自炊。その土地ならではのものを楽しむわけでもない。ヒラクはカップラーメンやレトルトカレーなど、日本の食べ物をクラスメイトに振舞うのを毎回楽しみにしていた。チェコ国内でも国外でも、ほとんど値段が変わらないのは不思議なところだが、お金がかからないよう、涙ぐましいほどの工夫をしているのである。一般向けのツアーでも、チェコから食べ物一式をバスに積み込んでいくことがある。それで食費を抑えようというわけだが、地元にお金を落とさないことから煙たがられ、クロアチアではこうしたチェコ人への対応策として、ホテルへの食料の持ち込みを禁止する法律を制定しようとしたことさえあった。ニュースが流れると、ツアーのキャンセルが続出し、旅行業者は悲鳴を上げていた。

日本の林間学校や修学旅行では、観光地や神社仏閣を訪ね、人気のテーマパークに行き、立派なホテルに宿泊する例が多いことに比べると、大きなちがいである。太くて短いか、細くて長いかという感じではあるが、クラスメイトと一緒に旅行に出かけることが、子どもたちにとって夜も眠れないほど興奮する一大イベントであることに変わりはないようだ。自然学校には六〇リットルの大きな登山用リュックサックを背に、そしてデイパックを前に抱えるというスタイルで出かける。すぐ使うものはデイパックのほうに入れておくわけである。この一種独特の姿を見ると、学校に通いはじめたときはまだ幼いと感じた子どもたちも、すっかり成長し、たくましくなったものだと感じる。

❖図書館通いと罰金

プラハ城の裏手にあるストラホフ修道院には「神学の間」と「哲学の間」という十七世紀から十八世紀につくられた荘厳な図書室がある。カレル橋のたもとにあるかつてのイエズス会の拠点クレメンティヌムにも同じような図書館があり、見学に訪れる人の目を見張らせる。こうした豊かな伝統を受け継ぎ、プラハにはたくさんの図書館がある。古い本から新しい本まで、蔵書も充実している。地下鉄スタロムニェトスカー駅近くにある市立図書館を中心に、アンジェル駅やディヴィツカー駅など、子どもたちの通学路にも図書館の分館がある。小さいながらもぼくらが暮らしている郊外の街にもある。こうした図書館に、二人はことあるごとに出かけている。日本でも家の近くに図書館があるにはあったが、自分から進んで行くことはまずなかった。図書館に行く用事がなかったからだ。日本で通っていた小学校の図書館はとても貧弱で、司書もいなかった。

ツドイはクラスメイトのヨハナに連れられ、学校に通いはじめてすぐ、図書館カードをつくってきた。プラハの地下鉄の定期券が電子カードになったときには、このカードが図書館カードも兼ねるようになった。市民にとってそれだけ図書館が身近な存在だということなのだろう。ぽっちゃりとしたヨハナは文学少女の面持ちで、クラスのなかではいちばんおとなしい生徒である。口数もそれほど多くはない。それがどうしたわけか、転校してきたときからなにかとツドイのことを気にしていた。フランス語のわかるヨハナの母親は、初対面のときからぼくにもよく話しかけてきた。父母会の内容も通訳してくれた。彼女の話によれば、ヨハナは最初は普通の学校に入学したが、授業の内容に不満を感じ、三年生のとき、シュタイナー学校に転校してきたという。そんな経緯があってか、学校に対して人一倍しっかりした考えを持っていて、父母会でも的確な発言を繰り返している。

そのヨハナと一緒にツドイはよく図書館に出かける。学校帰りばかりではなく、週末にも図書館に行っては、本を読んでエポックの授業内容についての調べ物をしたり、宿題をして過ごしている。「図書館に行く」と言って出かけ、本当はちがう場所に遊びに行くこともあるのだろうが、言い訳に使うほど、ツドイにとって図書館は身近な存在になっている。それはヒラクにしても同じで、クラスメイトたちとの待ち合わせ場所になっている。

こうしてヒラクもツドイも図書館からよく本を借りてくるようになった。チェコの家庭なら家にあってもおかしくない本がわが家にはない。あったとしても日本語訳だから、図書館を利用する頻度が人より多くなるようだ。勉強熱心なのはよいことだし、図書館で本を借りるのも勉強のうちである。しかし、困った手紙がときどき図書館から舞い込む。返却期日までに本を返さなかったので、罰金を払えという案内状だ。一冊六〇コルナ。五冊まとめて借り、それを返し忘れたこともあった。もちろん罰金なので、いっさいの言い訳は通用しない。必要な本はいつでも買うと言ってあるのだが、それでも借りてくる。そして、貯金箱からお金を出して罰金を払い、悲しい気持ちになったのを忘れたころ、また罰金を知らせる手紙が届くのである。

❖高学年の読書リスト

八年生になって早々、ヤナ先生は生徒に一年間かけて読む本のリストを渡した。だれでも知っている世界の古典的名作にチェコ文学を加え、合わせて一六冊の題名が並んでいる。そのなかから好きな本を八冊選んで読んでいく。本は図書館で借りればよいとのことだが、いずれも生涯、手元においてもよさそうな本ばかりだったので、買うことにした。厚い本も多く、また期限までに返すことができず、罰金を払うことにもなりかねない。週末、ツドイと一緒にヴァーツラフ広場にあるルクソルという大きな書店に出かけた。ツドイはリストから『われら動物園駅の子どもたち』（クリスチアーネ・F）を選び、ぼくは『老人と海』（アーネスト・ヘミングウェイ）を勧めた。動物好きなツドイは、この本がなにか動物に関係しているのだろうと勘違いしている様子だった。それでいて、すでに読んだことのあるクラスメイトからは「なんだかとても怖くて、気持ちの悪い話」だということは聞いている様子だった。

古典的な名著のなかに、『われら動物園駅の子どもたち』が含まれていることには、正直、驚きと戸惑いを感じた。一九八〇年代に映画化もされたこの本は、ドイツがまだ西と東に分かれていた時代、ベルリンの表玄関だった動物園《ツォー》駅周辺にたむろしていた麻薬中毒者の手記を元にしている。主人公のクリスチアーネ・Fは十四歳の少女。麻薬を買うお金を得るために売春をし、禁断症状に苦しんだ。まさに八年生であるツドイたちと同い年である。内容の過激さから、日本の教師や親であれば、読ませたくない本として、子どもの目から隠そうとするかもしれない。

ぼくはこの手記の舞台となった時代のベルリンを訪ねたことがある。本当に当時の動物園駅前には薬の売人と売春婦がたくさんいた。なんともいえない危うい雰囲気だった。道を歩いていると、上から空き瓶を投げつけられたりもした。そんなベルリンもドイツが統一してから首都となって見違えるように発展し、すっかり変わった――。帰り道、ツドイにそんな話をした。うなずくだけだったツドイは、家に帰ると夢中になって読みはじめた。もちろんすべてチェコ語で、内容も複雑だ。どこまでわかっているのだろうとつい疑ってしまったが、ツドイはいつも本を持ち歩き、読んでいた。旅行のときも持っていった。飽きて途中で投げ出す本もこれまであったが、この本はこうしてしっかりと読み終えた。そればかりか、何度も再読している。同世代の主人公を追った実話だけに、感情移入をしたのだろうか。

一九八九年の革命で共産体制が崩壊したチェコでは、九〇年代、麻薬が大きな社会問題となった。それまでの考え方や価値観が大きく変わったことで、人びとは戸惑い、どうしたらよいのか、わからなくなっていた。多くの人が仕事を失った。政府の高官や企業のトップでさえ例外ではなかった。体制が変わったのだから、それが当然だったのだろう。こうしたなかで麻薬に手を出す人が少なからずいたのである。いまは当時の危機的な状況は表向きには去っている。それでもプラハの街角で麻薬の禁断症状でのたうち回っている人の姿を見たのは一度や二度ではない。繁華街では麻薬の売人もうろついている。ライブハウスに行けば、どこからともなくマリファナが回ってくる。それは美しいプラハの街に秘められた日常である。

ヒラクもツドイも学校の周辺でときどき使用済みの注射器が落ちているのを見かけるという。何本かの注射器が無造作に捨ててあるのが生々しい。それほど麻薬は身近な存在なのである。『われら動物園駅の子どもたち』を読まざるをえないことは、子どもたちにとっても、親や教師にとっても、またチェコの社会にとっても、重たい意味があるように感じる。

❖宿題のない長い夏休み

チェコの学校は六月が終わるといっせいに夏休みに入る。それから九月に新学期がはじまるまで、まる二カ月間の長い夏休みが続く。夏休みの前には、バカンスでどこに行くのかが学校中の話題になる。フランスやイタリア、クロアチアなど、海外に出かけるクラスメイトが少なくはない。チェコには海がないので、海のある国に出かけるのがいちばんの人気だ。ハタと呼ばれる別荘を持っている人は、山や湖畔でのんびり過ごす。

ツドイはクラスメイトのヨハナと、プラハ郊外にある小さな村ラコヴニークに出かけるのが恒例となっている。自然に囲まれたバンガローに二週間ほど逗留し、泳いだり、サイクリングをして過ごす。ハタを持っているわけでも、チェコに親戚縁者がいるわけでもないツドイには、夏休み中、どこかに行くあてがない。それを見かねたヨハナの両親が誘ってくれたのがきっかけだった。おかげでツドイものんびりしたチェコ流の夏休みを満喫している。ヒラクは草むしりのアルバイトをして貯めたお金で、クリシュトフとサイクリング旅行に出かける計画を立てていた。しかし、アルバイトに行ったときに停めていたマウンテンバイクを盗まれてしまい、せっかくの壮大な計画も中止せざるをえなくなった。

夏休みの宿題はヒラクにはなにも出なかった。ツドイの宿題は通知表と一緒に配られた詩を覚えることだけだった。ドリルもなければ、絵日記も自由研究も読書感想文もない。チェコの夏休みはなんにもせず、ゆっくり身体を休め、リラックスすることがいちばんの課題であるような気さえする。それがバカンスというものなのだろうが、日本人のぼくにはいつになってもいまひとつピンとこない。

覚えなくてはいけない詩は担任のヤナ先生が生徒一人ひとりに与えたものだ。詩は見慣れない言葉で書かれていた。なんだろうと思ったらラテン語だった。ローマ時代を学んだ歴史のエポックで親しんだことから、ラテン語の詩を覚えることになったようだ。ヤナ先生は夏休み前の登校最終日、どのように詩を読むのか、生徒一人ひとりに教えていた。進級したら、毎日この詩を暗唱することになる。詩には各生徒が克服すべき問題や課題が込められている。

「たくさんの本を読み、たくさんの文章を書き、そしてよく考え、いつしか自分の思うとおりに物事が表現できるように」

それがツドイに託された詩だった。体裁は詩だったが、先生からツドイへの切なる願いに聞こえた。言葉の壁を乗り越えたツドイは、さらなる大きな壁に直面していた。それを乗り越えていかなくてはならない。

「毎日ちゃんと勉強しなければ、これから取り返しのつかないことになります」とヤナ先生は通知表に強い調子で書いていた。問題はツドイの日々の生活習慣や態度にある。忘れ物がないようにしっかり準備し、予習復習や宿題を毎日欠かさずにすることもそのひとつだ。朝きちんと自分で起きたり、部屋を片づけることもそうだろう。ヤナ先生はすべてお見通しだった。日本の学校でも同じ問題を抱えていたのである。シュタイナー教育の目標は、一人の人間として地に足をつけ、自分でしっかり考え、独り立ちしていくことにある、と感じている。そうするにはどうしたらよいのか。詩はその指針となる。詩を覚えるだけのはずの夏休みの宿題は、実はそう簡単には解けない、一年がかりで取り組むべき厳しい課題だった。ツドイがそのことに気がつくとき、きっと壁を一つまた乗り越えていることだろう。

❖楽器を身近に楽しむ

チェコは音楽の国として知られる。スメタナやドボルザークを生み、モーツァルトもプラハに滞在して演奏し、高く評価された。毎年五月に開催される「プラハの春」は世界的に名高い音楽祭だ。日

オイリュトミー教室で開かれた発表会で演奏する2年生の生徒たち

本からも大勢の留学生がチェコで音楽を学んでいる。プラハのシュタイナー学校は、そんなチェコらしく、音楽があふれている。教室からはよく歌声が聞こえ、楽器の音色が流れてくる。父母会でも、話し合いの前に楽譜が配られ、歌うことからはじまることがある。ぼくが口をぱくぱくさせてごまかしていると、声が出ていないと先生に笑いながら指摘されてしまった。日本とはちがい、チェコの人はみんな照れもせず、嫌がりもせず、大きな声を出して歌っている。楽器で音を出し、声を出して歌うことがみんな好きなので、歌わないと余計に目立ってしまうのだ。

ツドイの担任ヤナ先生は大の楽器好き。教室の片隅にはいつもギターが立てかけられ、先生の机の上にはカエルのかたちをしたギロや、指ではじいて弾くカリンバなどの民族楽器が並んでいる。小さな楽器を集めるのが趣味だといい、楽器店で見かけると、つい欲しくなるのだそうだ。シュタイナー教育の音楽というとライアーという楽器がよく使われているようだが、プラハのシュタイナー学校では見たことがない。型にはまらず、あるものを自由な発想で上手に利用する点は、この学校のよさだと思う。シュタイナー学校だからこうしなくてはならないとか、こうあらねばならないとは考えないのである。もしそうだとしたら、シュタイナー学校らしさを失いかねないように感じてきた。

音楽専門のヤン先生による授業が週二回あるが、普段の授業でもヤナ先生のギターに合わせて歌うことがあり、そちらのほうが子どもたちには人気だという。そんなヤナ先生の影響なのか、ツドイのクラスメイトには、なにがしかの楽器を演奏できる生徒が多い。ヨゼフィーナはヴァイオリン、アンチャはコントラバス、ミリアンは小さな木笛、ボイタとロマンはトランペット、マトーシュはギター、ヨゼフはトロンボーン、ヨハナはピアノ、そしてツドイはフルート。こうした楽器を先生について習っている生徒もいれば、そうではない子もいる。ツドイにしてもとくに習ったわけではない。日本で欲しがったことがあって買い与えたフルートを、自己流に吹いているだけだった。しかし、ヤナ先生の手ほどきでよく練習するようになり、だいぶ上達してきた。

クリスマス前の父母会は、親子で集まり、ちょっとしたパーティーを開くことになっている。みんなでクリスマスの歌を歌ったあと、メインイベントの子どもたちによる楽器の演奏がはじまる。ツドイも一曲、メインの奏者としてフルートを演奏した。人前で演奏するほどの技量はなく、ときどきつかえたり、間違ったりしながらも、なんとか最後まで演奏した。そのあいだ、ヤナ先生はずうっとツドイの横に立ち、身体でリズムをとっていた。演奏が終われば、持ち寄った手作りのお菓子やケーキを一緒に食べる。珍しい日本の駄菓子が取り合いになるほど人気を集めた。

ヒラクは和太鼓を学校に持っていき、ときどきたたいている。日本に住んでいたとき、地域のお祭りでお囃子をやっていたときの杵柄だ。最初は単に日本の音楽を紹介するつもりだったが、クラスメイトはそうは受け取らなかった。和太鼓のなんとも日本的な音色とリズムをギターやピアノに合わせようとしたのである。おかげで和太鼓はクラスメイトにもすっかりおなじみになり、なにか演奏をするとき、和太鼓を持ってくるようにと言われるようになった。チェコの人たちと音楽の関係を見ていると、うまい下手よりも、歌を歌い、楽器を演奏し、音楽そのものを楽しむ。そんな純粋さを感じてならない。

❖始業式がいつなのか、だれも知らない

日本の学校に通っていたとき、子どもたちはさまざまなプリントを毎日たくさん持ち帰った。連絡事項、遠足や林間学校のしおり、運動会や発表会のプログラム、テストの答案用紙などが山のようにあった。プリントがたくさんあるためつい見落としてしまうことや、子どもたちが渡すのを忘れることがよくあった。そのなかに大切な連絡もあり、人づてに知って慌てたこともある。

シュタイナー学校に通うようになって、子どもたちはこうしたプリントをまったく持ち帰らなくなった。最初はいつものように渡すのを忘れているのだろうと疑ったが、プリントがかばんの底にぐちゃぐちゃになっているわけでもない。この学校ではプリントというものが一枚もないのである。その代わりになるのが連絡ノートだ。学校からの連絡事項は、先生の言うことをノートに書き写す。どれも個条書き程度で、簡潔だ。詳しいことや複雑なことは、一カ月に一度の父母会で説明される。いず

れも口伝えを基本としているところに、シュタイナー学校らしさを感じる。

一度こんなことがあった。学校に通いはじめて最初の年のことである。チェコでは日本とちがい、新学年は九月にはじまる。二カ月の長い夏休みを経て、進級するのだ。そのことは知っていたが、何日から学校に行けばよいのか、ヒラクに聞いてもツドイに聞いても要領を得ない。連絡ノートにも書いていない。二人して先生の言うことを聞き落としたのかもしれなかった。仕方がないので、クラスメイトの親にいつ、どこに行けばよいのか教えてもらおうと、連絡してみた。しかし、彼も知らないという。日本では想像もできないことだが、学校がいつはじまるのか、先生はきちんと連絡していなかったようなのだ。それでも大きな問題にはならず、九月の始業式にはクラス全員が時間どおりに集まった。なんだか奇跡のように感じたが、それがチェコの日常だった。

このときヒラクとツドイがおかれていた立場はなんとも微妙なものがあった。夏休み前のゲスト期間が終わり、正式に入学が認められるかどうかの瀬戸際に立たされていたはずなのである。しかし、この件に関する連絡が学校からはなにもなかったのだ。日本風に考えると連絡がないのは認められないからということになるかもしれない。チェコ風に考えれば認められたから連絡がないということになる。なにくわぬ顔で始業式に出かけると、先生もクラスメイトも当たり前のような顔をしてヒラクとツドイを迎えていた。やはり取り越し苦労だったのである。

学年末に行く自然学校の準備も、毎回ドタバタ大騒ぎになる。いったいなにを持っていけばよいのか、日本からの転入生にはわからないことだらけだった。習慣のちがいが少なくないからである。日本であれば、上着や下着を何枚持っていくのか、おやつやお小遣いをどうするのかなど、事細かに書いてあるしおりやプリントが学校から配られる。予定や注意事項などもプリントに書いてある。それこそ「バナナは一本、チェコレートはだめ」という具合である。万事抜かりはない。しかし、そんなプリントはないし、先生に聞いても必要なものを持ってくればいいと言うばかりで、取り合おうとしない。生徒それぞれの常識に委ねられ、自主性が重んじられているわけだ。いずれにしても日本のやり方に慣れていると、チェコのやり方はときに青ざめるほどたいへんで苦労させられるのだが、チェコに慣れてくると日本は過保護すぎるように思えてくる。

❖宿題も補習も自発的に

学校から帰るとすぐ、ヒラクもツドイも机に向かって勉強をはじめる。とくにヒラクは夜遅くまで熱心に勉強するようになった。勉強すればよいというわけではないのだが、これはシュタイナー学校に通いはじめてから、二人の生活でいちばん大きく変わった点だ。日本では二人とも家で勉強することがほとんどなく、平気で宿題を忘れていった。忘れ物も多かった。担任の先生はそんな二人を嘆き、親もことあるごとに注意してきた。しかし、なにをしても無駄だった。

「日本の学校の宿題はプリントばかりでつまらなかったけど、チェコの宿題は絵を描いたりして、楽しいんだよね」

宿題をするようになった理由をツドイに尋ねると、そんな答えが返ってきた。素直なものだが、楽しいはずもない算数の宿題もちゃんとやっている。本当のところは、やるべきことをきちんとやらないと体当たりでストレートに叱ってくるヤナ先生が怖く、できるだけきちんとしようとの思いがあるからのようだ。この思いは先生に対する敬意から生じるものでもある。だから先生の言うことをきちんと守ろうとするのである。

シュタイナー学校に通いはじめる前、宿題はないものだと思っていた。自由な校風で、伸び伸びと学ばせようとしている学校に、宿題はなじまないと想像していたのである。ところが反対に、毎日かなりの量の宿題が出る。計算問題など簡単なものから、克明なレポートづくり、編み物まで、多岐にわたる。宿題が終わらないと、深夜まで机にかじりついている。日本にいたころなら、宿題なんかせず、さっさと床に就いていたことだろう。ツドイは友だちと宿題をすると言って、週末、図書館によく出かける。普段もインターネットを利用し、宿題の相談をし合っている。クラスメイトが参加している掲示板に書き込みをして呼びかければ、だれかからヒントがもらえたり、意見交換がはじまる。答えを回し合っているだけのときもあるが、わからないことがすぐに解決することは、わからないまつまずいているよりもよいのかもしれない。

ヒラクのクラスでは、高校受験を控えた九年生になって、毎週末、学校で数学の補習授業が行なわれるようになった。受験科目である数学とチェコ語のうち、とくに数学を重視する高校が多いためである。宿題だけでは不足だと思ったのか、担任のビエラ先生は週末を返上し、いつもの授業さながらに教えた。この熱心さはいったいどこから生まれるのだろうと思えるほどの熱の入れようだ。補習授業への参加は自由。授業料もない。来たい人だけが集まることになっていて、毎回、半分ぐらいの生徒が出席する。ヒラクはこの補習に毎回張り切って出かけて行った。補習の内容は先生が出した問題を解いたり、授業ではやらないむずかしい問題を考える。

シュタイナー学校は「自由な学校」とのイメージが一般的には広がっているが、「自由」というよりも「自発的」としたほうがしっくりくる。宿題をしたり、補習に参加したりするなんて、ささいなことかもしれない。しかし、プラハのシュタイナー学校がヒラクとツドイにもたらした変化は、もっと根源的な部分にある。二人はずいぶんたくましく、頼もしくなった。自立してきたのである。

❖「私は私」と「みんな仲よく」

大晦日のこと、日本人の友だちのお母さんから電話があった。

「ツドイちゃんが泊まりに来たのだけど、お父さんお母さんには連絡しないで、って言っているの。なにかあった？」

連絡するなと言っていること自体が心配になって、こっそり電話をしてきてくれたのだった。その日、ツドイは昼過ぎからヨゼフィーナの家に行っているはずだった。クラスメイトが集まり、年越しを楽しむと言って泊まりがけで出かけたのである。それなのにいつの間にか日本人の友だちの家に行き、炬燵に入ってミカンを食べ、みんなで「人生ゲーム」をしてのんびり遊んでいる。

いったいなにがあったのだろうと驚かされたが、理由を聞いてもツドイは口をつぐんだ。どうやら日本人の家に行ったのは内緒のことで、あくまでヨゼフィーナの家に泊まったことになっているらしい。もしかすると、約束の時間に家を訪ねてもヨゼフィーナがいなかったのかもしれない。これまでもチェコの友だちと遊ぶ約束をして、家に行ってみるとだれもいなかったことが何度となくあった。それともヨゼフィーナが約束をたがえて、喧嘩でもしたのだろうか。「どうして？」とツドイが問いかけると、相手は決まって不機嫌になり、逆ギレする。案外もともとヨゼフィーナの家に行く約束なんてなかったのかもしれない。

「チェコの子は激しいんだよね。その点、日本の子はおとなしいから、一緒にいても気が楽なんだ」とツドイはよく言う。日本人は相手の気持ちや考えをおもんばかって行動し、ときにそのせいで引っ込み思案になってしまう。対してチェコ人は相手の気持ちなどなんら斟酌せず、自分の気持ちや主張を押し通すことが少なくない。かといって反論しようものなら、三倍にもなって返ってくる。

なにか嫌なことや面倒なことがあると、日本人には「ウザイ」とか「ムカツク」と言えば、相手も嫌がっていると気がつき、やめることが多い。しかし、チェコ語にはそうした一言で相手に気持ちを伝える〝鋭い言葉〟がないので、なぜ嫌なのか、きちんと説明しないと、嫌なことをいつまでも続けることが多い、とツドイは言う。

七年生のときの学年末、クラスの写真係をしていて、おもしろいことに気がついた。集合写真を撮ったあと、好きな者同士で写真を撮ることになった。ツドイはミリアンとヨハナの三人で撮りたいと思ったが、ヨハナはツドイとだけ撮りたいという。「本当の友だちとだけ撮る写真だから」とヨハナは言う。みんなで一緒に撮ろうと思っていたミリアンはちょっとショックだったようだ。できればみんなの写真に顔を出したいと考えるツドイは、どうすればよいのかわからなくなった。

日本ではなにかにつけて「みんな仲よく」と教えられる。そこからクラスにいくつかの仲よしグループが生まれる。いちばん大きいのが男の子と女の子のグループであり、班というグループがある。さらに子どもの性格などによって、少しませた子、悪ぶっている子、おとなしい子、勉強ができる子、

クラスの遠足でプラハ郊外のカルルシュテイン城に行ったとき、ツドイが撮ったクラスメイト

趣味が一緒の子など、さまざまなグループが自然発生的にできてくる。グループ同士またはグループ内で対立することもある。それがいじめにつながる。日本にいたころ、ツドイはこうしたグループ意識がずいぶん苦手なようだった。どうしてグループをつくり、一定の子どもだけで遊ぶのか、理解ができなかったのである。「たくさんで遊んだほうが楽しいのに」とよくこぼしていた。グループ意識を持っていないことで、どのグループにも属さない浮いた存在となり、好きな者同士で林間学校の班分けをしたときには、気がつくと一人だけぽつんと立っていて、思わず泣き出したこともあった。

シュタイナー学校のクラスにはここまではっきりとしたグループはない。もちろん気の合う者同士集まるということはあるが、流動的である。あくまで「私は私」と考え、そう振る舞うから、固定されたグループにならないのである。対立するときも個人と個人である。しかし、ツドイはつい「みんな仲よく」と考えてしまう。この「みんな仲よく」という考えは日本的な建前の現れでもあるのだろうが、それゆえにこそツドイは「みんな仲よく」と「私は私」との狭間にたびたび立たされてしまうのである。

第6章 手づくりの学校運営

❖父母会はオープンな話し合いの場

ヤナ先生は詩の一節を朗読すると、ろうそくに火をともし、しばらく静かに黙想する。そして、おもむろに話を切り出す。毎月一回、児童の教室に集まって開かれる父母会は、いつもそうやってはじまる。授業のとき、子どもたちの前でするのと同じことを、先生は父母の前でも繰り返すのである。シュタイナー学校では、親が学校やクラスの運営に、積極的に参加することが求められている。その中心となるのがこの父母会だ。日本の学校では学期のはじまりなどに集まり、あたりさわりのない話題に終始することが多い。しかし、この学校では月一回という、父母会にしては頻繁とも思えるペースで開かれ、しかも時間をかけていくつもの話題について話し合う。ときに激しい口論となり、先生や親が大きな声を出したり、一方的になにかを主張し続けたり、だれかが怒鳴り声を上げたり、涙を流すこともある。それだけ真剣だということなのだろう。こうしてクラスの抱える諸問題を、クラス全体の問題として先生と親が共有していくのだ。

共働きの家庭が多いことから、仕事帰りでも参加できるように、父母会はいつも夕方六時半からはじまる。子どもたちが学んでいる姿を思い浮かべながら、子どもたちの椅子に座り、考えを巡らせる。毎回二時間程度の話し合いが行なわれ、長引くと三時間くらいになる。紛糾し、帰りが終電近くになったこともある。一日の授業を終えたあとなので、ヤナ先生の負担はけっして少なくはないだろう。それは仕事帰りに参加する親も同じだ。

話し合いはまず授業の報告からはじまる。エポックでなにを学んでいるのか、生徒の理解の度合いはどうか、なににつまずいているのかなど、問題を一つひとつつまびらかにしていく。理解度や成績

クラスメイトの親が集まると、話題は学校のことに。ビールを飲みながら、はチェコ流

については、クラス全体の問題と個別の問題とにかかわらず、日本では親が嫌がるだろうと思えるほど、オープンな議題となる。できない生徒を名指しで、なにが問題かを指摘し、どうすればよいのか、みなで話し合うわけである。俎上に載せられた生徒の親が思わず赤面することもしばしばだ。このあたりは言葉を重ねてお互いを理解し合おうとするチェコの人たちのメンタリティーがよく出ている。

授業の報告が一通り終わると、授業態度などの問題に移る。暴れん坊のロマンが箒を振り回して折ったり、マトーシュが授業中に奇声を上げるといった問題から、あるクラスメイトの母親がドラッグ中毒になり、家族崩壊の危機に立たされている問題まで、その月その月のトピックスを先生は報告していく。彼女はチェコ人ではない。政情不安が続いたグルジアの出身で、ロシアとの紛争がはじまったことが引き金で精神状態が不安定になり、ドラッグに走ったらしい。ネグリジェ姿で父母会に現れるなど、見るからに様子がおかしかった。親がドラッグ中毒になった子ども向けの保護施設に預けたほうがよいのではないかといった意見もあった。しかし、そのときは子どもの成長に暗い影を落としかねないので、やめたほうがよいだろうということになった。

父母会の話し合いではなにか意見があれば、途中で親が発言し、それに対して先生が答えたり、ほかの親が意見を述べる。問題をどうしたら解決できるのか、みなで知恵を出し合っていくのである。なにか先生が深刻なことを話しはじめると、決まってボイタの父親ペトルが「それが人生というものだよ」と軽妙な冗談を言って、場を和ませる。先生は話し合いのイニシアチブを握ってはいるが、一方的に話し合いを進めたり、意見を押しつけることはない。あくまで民主的なのである。

❖父母会を通して学校運営にかかわる

日本の学校で妻はPTAの役員をしていた。毎日のように出かけては、学校でなにがしかの作業をしていた。なかには教師がやるべきではないかと思えることもあり、なぜそこまでやらなくてはいけないのか、端で見ていて疑問に感じることが少なくなかった。同じことをやっても、妻は無給で、教師は有給だった。もちろんボランティアでやっているのだが、解せないものがあった。それでいて、なにか問題を感じても保護者である妻に発言する機会はまったくなかった。教師はいつも上位に立ち、学校は不可侵な空間だった。

プラハのシュタイナー学校に通うようになって、今度はぼくが父母会に通うようになった。珍しく、また興味深くもあり、それなりに楽しみにして出かけていった。テレザの母ヴァナが毎年、会計係を担当しているほかは、とくに役員はいない。全員出席が基本だから、ある意味、全員が役員といってもいいのかもしれない。なにかあるときはそのたびに係が募られる。ただし、あくまでできることをやればそれでよいとのスタンスなので、これまでとくに負担を感じたことはなかった。

ヤナ先生は大小さまざまなことを父母会に投げかけ、学校で起こっている問題を率直に報告する。なかには親が知らなくてもよいと思われる学校の内部的な問題が話題になることもある。父母会を待たずにやりとりする必要があるときは携帯電話にメールが届く。このメールは頻繁に届き、届くたびになにかあったのかと、ドキリとさせられる。すぐに返事をすることが求められ、しないと決まって先生は次の父母会のときに不満を口にする。

クラスの父母会のほか、学校全体の父母会もある。校内でいちばん広いオイリュトミー教室に集まる。頻繁に開かれる年もあれば、一回か二回しかない年もある。議題は運営上の問題など、学校全体に及ぶことがほとんど。しかし、この全体の父母会は必ずしも出席率が高くはない。低学年の親や、複数の子どもを通わせている人ほど熱心で、高学年になればなるほど、冷めているような気がする。一年生から九年生まで、生徒の年齢層が幅広いこともあり、子どもの年齢によって求めているものがちがうからだろうか。クラスの父母会のとき、全体の父母会をとりまとめている人が来て、その趣旨や必要性を訴えたこともあった。とくにツドイのクラスの出席率は悪いという。しかし、それでもなかなか出席する人は増えない。ぼくにしてもクラスの父母会に加え、さらに学校全体の父母会にまで出席する気力はなかった。話し合いの内容が濃いからだろうか、父母会に出席するだけでぐったり疲れてしまうからである。もっとも出席率が悪いからといって無理強いされることはない。その代わり、レジュメを綴ったメールが届くようになった。このメールへの返信のかたちで意見交換がはじまることもある。

また、教室のペンキ塗り、椅子や机の修理、扉や窓の修繕なども親の役割だ。蛍光灯の交換や、建てつけの悪い棚の修繕など、簡単なことは父母会の日にしてしまう。ペンキ塗りなどの大がかりな作業は、一年に一度程度、休みの日に親が集まることになっている。ツドイが七年生だったとき、教室の壁に掛かっていた大きなタペストリーはそうしてつくられた。

❖折り紙教室を開く

チェコでは意外に多くの日本文化が根づいている。なかにはちょっとしたブームになっているものもある。お寿司や豆腐などの日本食、合気道や空手、剣道といった武道、盆栽がこうした文化の一例だ。二〇〇〇年を前後して、トヨタ自動車やパナソニックをはじめとする二〇〇社あまりもの日本企業がチェコに進出したことから、日本語の習得熱も高まっている。

「バザーのとき、なにか日本のことでワークショップをやってみませんか。たとえば折り紙なんか、いいいと思います」

子どもたちがシュタイナー学校に通いはじめてまだ間もないころのこと。父母会で隣り合わせたクラーラが声をかけてきた。ツドイの親友ミリアンのお母さんだ。彼女はチェコで出版された折り紙の本を見せてくれた。そこには簡単なものから高度なものまで、さまざまな折り紙のつくり方が載って

シュタイナー学校で子どもたちに折り紙を教える妻（右から２人目）

いる。クラーラの提案にはその場で快諾した。こんなこともあるだろうと、日本から少し持ってきていた折り紙が役に立つ。

日本の学校でこうしたイベントをやるとなると、事前に細かな打ち合わせを重ねることだろう。国際交流という大義名分のもと、ずいぶん大げさなものになるかもしれない。日本で子どもたちが通っていた小学校で国際交流の授業がはじまると聞いたとき、ＰＴＡの役員をしていた妻を通じ、「各国の在日大使館に勤める知り合いに声をかけるので、お国事情を話してもらったらどうか」と提案したことがある。声をかけてみた大使館員は乗り気だったが、学校側は「対応ができない」「前例がない」と、とりつく島もなかった。

なにか事前に打ち合わせをすることも、連絡をとり合うこともなく、折り紙教室当日を迎えた。日本とはずいぶん対照的だ。だからどこでやるのか、どのような手はずになっているのか、まったくわからない。ぶっつけ本番である。とはいっても、教室の一角に机を並べ、やってみたいという人が来るのを待つだけだった。それならたしかに打ち合わせなど、なにもいらない。妻が中心となり、家庭教師のミシャとツドイが浴衣を着て、手伝った。浴衣を着たのはミシャのアイデアだった。ツドイは学校まで浴衣できたが、途中、チェコの人たちの注目の的だった。最初はヒラクやツドイのクラスメイトが冷やかしに来る程度だったが、そのうち親を含め、多くの人が集まるようになった。

妻が折り方の手本を示すと、みんな同じように折っていく。最初は「犬」など簡単な折り紙を教え、そのうち「花」や「鶴」ができるようになった。なかには「リス」のような複雑な折り紙にチャレンジする器用な人もいた。折り紙教室をはじめる前、折り方をどのように説明すればよいのだろうか、と妻は不安げだった。しかし、いざやってみれば、そんなことは考えすぎだったとすぐに気づいた。言葉がうまくできなくとも、みんな見よう見まねで、上手に折っていく。最後まで熱心に折っていた人は、千代紙の柄の折り紙を日本から取り寄せてほしいと頼んできた。こうして折り紙教室は大人気のうちに終わった。

シュタイナー学校では親の積極的な参加が求められている。そう聞いていたし、とにかくがんばってやっていくしかないだろうと覚悟もしていた。しかし、この折り紙教室を通じ、積極的な参加とはいっても、無理になにかをする必要はなく、だれもそんなことを求めてはいないのだと感じた。できることをやればいい。そう考えると、肩の力が抜けた。こうした機会はその後、近所の人に頼まれるなどして、学校以外でも何度となくあったが、どこでもできることをすればそれでよかった。国際交流とはいっても、だれもそれ以上のことを求めてはいないのである。

❖「オリンピック」と呼ばれる大運動会と演劇

運動会は毎年学年末に開かれる。運動会とはいっても日本でいう球技大会に相当するもので、サッカーやバスケットボールなどの試合を楽しむ。参加するのは中等部の校舎で学ぶ六年生から九年生の生徒で、一日かけて学年対抗で競い合う。いくつかの試合で番狂わせになることもあるにはあるが、体格・体力に勝る高学年が有利な試合運びになりがちだ。

この運動会とは別に、毎年五月、五年生は「オリンピック」と呼ばれる大運動会に参加する。チェコにあるいくつかのシュタイナー学校が集まり、古代ギリシアで開かれたオリンピックを模して開かれるのである。体操着ではなく、キトンという古代ギリシア風の服を着て出場するのもこのためだ。このキトンをどのようにつくればよいかは父母会で説明があった。二枚の四角い布を縫い合わせ、共布でつくったベルトで腰のところを絞るという簡単なもの。それだけでも気分は古代ギリシア人というわけである。

各校対抗で競われるのは、オリュンピアで四年に一度行なわれたという古代オリンピックに倣った五種競技だ。種目は徒競走、走り高跳び、走り幅跳び、ハンマー投げ、それにレスリングである。レスリングでは男子は本当に取っ組み合いをするが、女子はボールの上に乗って、手で押し合いをする。もちろん競技の最中はキトンを着る。運動神経がいいクラスメイトのボイタがなんと優勝し、金メダルと賞状をもらった。ミハルも敢闘賞を受けた。ツドイはレスリングでいい線までいったが、途中で負けてしまい、残念ながら参加賞のケーキだけだった。なにかメダルをもらいたかったようで、帰宅するなり、「ミハルはがんばったように見せかけただけでメダルをもらった」と不満げだった。キトンの衣装は、学年末の学芸会「アカデミー」で演じた劇の舞台衣装としても使った。軽い着心地が気に入ったようで、しばらくは普段にもよく着ていた。

また八年生になると、シュタイナー学校の生徒は一年かけて演劇の練習をし、学年末、プラハ市内にある劇場を借りて一夜限りの公演を打つ。高校受験モードになる九年生を前に、演劇を通じてシュタイナー学校で学んできたことの集大成をはかろうとのもくろみだ。ヒラクのクラスはチェコの文豪カレル・チャペックの『創造者アダム』を、ツドイのクラスは同じくチェコの作家ヤン・ドルダの『ダルスカバーティ』という日本では知られていない社会主義の時代の作品を演じることになった。

アカデミーでも劇は演じるが、寸劇や、戯曲のなかの一幕だけで、長くても三〇分程度である。しかし、八年生でやるこの演劇は戯曲を脚色せず、全幕通じてオリジナルを演じる。『創造者アダム』は六幕＋エピローグの構成で、途中の休憩を挟み、二時間あまりの長い舞台となった。台詞を覚えるだけではなく、楽器を演奏し、舞台美術もこなす。ヒラクはまだチェコ語がおぼつかなかったが、独白の台詞が与えられた。とにかくなんでもやらせてしまうのはビエラ先生のすごいところだ。ヒラクが台詞をうまく言えずに演劇が台無しになるかもしれない、とは考えないのである。

ツドイのときは、だれがどの役をやるのか、まず父母会で打診があった。主人公は劇団に所属し、舞台映えのするヨゼフィーナに決まっていた。しかし、「またヨゼフィーナですか。うちの娘にやらせてください」と不満をあらわにする母親もいた。ツドイは悪魔だった。端役である。「ツドイは悲しまないか」とヤナ先生に聞かれた。だからといって、わが子に主役をやらせろとはとても言えない。

ツドイも望んではいないだろう。ヤナ先生は生徒に役を発表するとき、「みんなが主役の劇」と説明したのだそうだ。一人が欠けても劇は成り立たない。なかなかうまいまとめ方だと思った。

❖担任に委ねられた強い権限

シュタイナー学校では担任を一度受け持つと、一年生から九年生まで〝持ち上がる〟ことになっている。しかし、実際には結婚や出産、病気、家庭の事情など、さまざまな理由から、途中でほかの先生と交代している。ツドイの担任も五年生のとき、マグダレーナ先生からヤナ先生に替わった。病気が理由だった。かなりの重篤だと父母会のときに聞いた。回復してからは、担任をはずれたものの、ドイツ語の先生として週に何度か教壇に立った。ツドイがマグダレーナ先生に習ったのはわずか一カ月程度だったが、シュタイナー学校ではじめて教わった先生だということもあり、強い印象を残した。

やさしくのんびりしたマグダレーナ先生と、厳しくしゃきしゃきしたヤナ先生とでは、性格がまるで正反対。はじめのうち、子どもたちはずいぶん戸惑い、先生もそのことを気にしていた。父母会で先生自らそのことを話題にし、こうした反応は必ずあるものだが、一時的なものなので、すぐに収まるだろうと切り出した。実際、ヤナ先生のペースに慣れたのか、時間が経つにつれ、そのようなことはなくなった。しかし、先生が替わったことは子どもたちの心のどこかでくすぶり続けていたのかもしれない。

ヒラクのクラスは、六年生のとき、ナジャ先生からビエラ先生に替わった。親と生徒のあいだから、担任を替えてほしいとの声が高まったためである。長いあいだ同じ先生に習っているうちに、先生の長所よりも短所のほうが目につくようになる。ナジャ先生にも教え続けるエネルギーはもうないとのことで、担任を持っていなかったビエラ先生が引き受けることになった。教え方ががらりと変わり、クラスの雰囲気も変わった。

このようにヒラクのクラスも、ツドイのクラスも同じ先生が一年生から九年生まで教えたわけではなかった。「ほかのシュタイナー学校はどうか知りませんが、九年間も同じ先生に教わるなんて想像できない」とヒラクのクラスメイトは声をそろえる。それでもヒラクとツドイのクラスを受け持ったどの先生も四年ないし五年、担任を続けた。先生は担任を受け持つ長い月日を視野に入れながら、生徒一人ひとりと向かい合っていく必要がある。このためどのようにクラスを運営していくかについては、担任の先生に強い主体性と権限が委ねられている。どのようにエポックを進めていくのか、内容をどうするのか、どのようにカリキュラムを組むのかなど、先生の裁量で自由に授業を組み立てていく。計画を途中で変更するのも先生次第だ。このため、授業には担任の先生の考えや個性が色濃く反映される。同じプラハのシュタイナー学校にも、シュタイナーの理念を厳格にとらえようとする先生がいれば、メルヘンのような世界にシュタイナー教育らしさを求める先生もいる。ギムナジウムへの進学など、より現実的に考える先生もいる。ヤナ先生にはヤナ先生の、ビエラ先生にはビエラ先生の教え方があるわけだ。

こうしてシュタイナー教育と一口にいっても、先生の数だけシュタイナー教育というものがあるのではないかと思うことがある。二人の子どもが受けるシュタイナー教育を目の当たりにしながら、この教育とはいったいなんなのだろうと考えれば考えるほど、そんなふうに感じてしまうのである。もっともそれはシュタイナー教育に限ったことではなく、そもそも教育とはそういうものかもしれない。先生一人ひとりが自分の信念を持って教壇に立つ。ぼく自身を振り返っても、よい先生だったと記憶している人はみんなそうだった気がする。だからといって、学校全体としては不思議なバランスをうまく保っている。そこにプラハのシュタイナー学校らしさがあるのではないかとぼくは感じてきた。

❖職業としての教師

ヤナ先生は朝から意識を集中させて授業に取り組むと言っていた。たしかに教科書というよって立つものがないシュタイナー学校の授業では、先生が持てる知識をうまく整理し、かみ砕きながら子どもたちに教える必要がある。一日授業をしてくたびれ果てているはずなのに、父母会では夜遅くまで、アグレッシブに語りかけてくる。これほど熱意のある先生にぼくも妻もこれまで出会ったことがなかった。

ビエラ先生も言葉のわからないヒラクを受け入れてからというもの、それこそ体当たりで接してきた。身体と身体のぶつかり合う音が聞こえるくらいである。スキーをやったことのないヒラクが一週間のスキー合宿に行ったとき、ビエラ先生はヒラクのことをリフトで上まで連れて行き、いきなり滑らせたという。途中何度も転びながら滑り、下まで滑ったらまたリフトで上までのぼる。それを何度も繰り返し、ヒラクにスキーを身体で覚えさせていく。ビエラ先生はそんなヒラクを一日中、つきっきりで見守った。万事がそのような感じだったのである。言葉がわからないから放っておこうとか、外国人だからとか区別しようとか、そうした対応はまったくなかった。それどころか深い愛情を持ってヒラクに接していることは痛いほどわかった。

それにしても、こうした熱意や愛情はいったいどこから来るのだろうか。シュタイナー学校に子どもたちが通うようになってからというもの、それは母親的な愛情だとずっと感じてきた。実際、ヤナ先生もビエラ先生も自分の子どもがシュタイナー学校で学んでいる。だれかほかの先生に任せるのではなく、わが子に授けたいと思う最高の教育を自ら施したいとの思いがどこかにあるのだろうか。自分の子どもにはこう教えたいという理想を持って、授業に取り組んでいるのだと思っていた。

スイスのバーゼルにあるシュタイナー教育の拠点ゲーテアヌムを訪問し、中を見学したことがあった。このときガイド役になった人にこうした教師の熱意や愛情について尋ねてみたことがある。すると彼女はゆっくり、言葉を選びながら答えてくれた。

「ヨーロッパで生まれたシュタイナー教育の底流にはキリスト教の考えがあると思います。キリスト教はヨーロッパの文化に深く根ざしているからです。それはたしかです。ただ、母親のような愛情かというとそれはちがうと思います。教師はあくまで職業です。母親に勝るものはありません」

それを聞いてぼくは長い間、探していたものに出会ったような気がした。教師が職業のひとつであるというごく当たり前の返事に、とても深い意味を感じてしまったのだ。たしかに学校で教えることは職業である。職業としてヤナ先生もビエラ先生もあれほど熱心に取り組んでいる。それでは職業とはいったいなんなのか。仕事とはいったいなんなのか。だれしも働くことで給料をもらい、生計を立てることだと答えるだろう。そのためにみんな毎日汗水流し、知恵を絞り、ストレスと戦っている。特殊な技能や才能を活かすことだという人もいるかもしれない。

ヤナ先生は、いくら給料をもらっているか、生徒に聞かれてありのままを答えたことがある。そんなこと、日本ならまず答えないだろう。月額税込みで一万八〇〇〇コルナ。本当は二万コルナだが、物理をリス先生に任せているので、その分、減っているのだそうだ。物価の高いプラハでは、生活するのもままならない金額である。実際、大学の教育学部を卒業して念願の教師になっても、厳しい現実を目の当たりにしてやめてしまう人が少なくないと聞く。

それでもなおこれほど熱心に取り組んでいるのは、ヤナ先生とビエラ先生の教師に対する職業意識が人一倍強いということなのだろう。シュタイナー学校に入学するとき、ヒラクもツドイも一学年か二学年、下げてほしいと頼んだ。それにもかかわらず、ヒラクはそのままで、ツドイは一学年下げることになった。ハナ校長先生は心理学的な面から学年を下げるのはふさわしくない、と説明していた。しかし、真相は言葉がまったくできない二人を受け入れられるのは、ヤナ先生とビエラ先生しか学校にはいなかったからではないだろうか。どうもそんな気がしてならないのである。

❖校長先生が消えた日

ハナ校長先生が学校をやめたらしい、とヒラクから聞いた。もう一カ月あまり、学校で姿を見かけないという。学期の途中だから、まさかそんなことはないだろうと訝った。病気でもして入院しているのかもしれない。ずうっと半信半疑だった。なにかの間違いだと思いたかった。しかし、どうやら本当らしい。それにしてもあまりに突然のことだった。いったいなにがあったのだろうとずいぶん不思議な感じがした。たまたま街で英語のマレク先生に会ったとき、校長先生のことをなにげなく聞いてみた。やはりやめたのは本当だった。どうも要領を得ないのだが、先生同士に対立があったようだ。もしかするとマレク先生自身もやめることになるかもしれないという。生徒にいちばん人気のある先生だけに、それを聞いてさらに驚かされた。先生自身はあまり気にもしていない様子で、「そのときは大学で建築の勉強をしようと思っている」と屈託なく笑った。

いろいろな憶測が流れた。なんの前触れもなく、突然仕事を放棄してやめた身勝手さを責める人がいた。もともとエキセントリックな先生だという人もいた。時間が経つにしたがい、いろいろなことがわかってきた。ハナ校長先生は以前から一部の先生たちと対立していた。ハナ校長先生の考え方や取り組みが「シュタイナー教育的ではない」と一部の先生から批判されていたという。今後はシュタイナー学校にふさわしくない先生は学校から一掃されることになり、マレク先生もその一人だった。話を総合するとどうもそういうことなのだが、学校からきちんとした説明があるわけではなかった。

それからしばらくして開かれた父母会で、今度、校長先生の選挙があり、そのために四人が立候補しているとヤナ先生は説明した。てっきりシュタイナー学校の先生のなかから校長先生を選ぶのかと思ったら、これがどうやらちがう。外部から招くのである。立候補したうちの二人はシュタイナー教育の関係者、一人はほかの一般校で校長をした経験のある人、一人はクラスメイトのお母さんだった。関係者の一人はなんでもスイスのシュタイナー教育教員養成所で学んだ〝エリート〟らしい。ヤナ先生は校長経験がある人がいいかもしれないと言っていた。

クラスメイトのお母さんというのは、ドラッグ中毒で問題になった人だった。いったいどうして立候補したのだろうと、さすがに驚かされた。「とんだ泡沫候補が出てきてしまった」と父母会でも親たちはあきれ顔だった。ヤナ先生も思いとどまらせようとしたが無駄だったそうだ。立候補にあたって、「外国語は英語とドイツ語ではなく、将来を見越してこれから経済的に大きく発展するロシア語と中国語にする」「学校で馬を飼う」「給食をもっとおいしくする」との抱負を掲げた。型破りかもしれないが、彼女が校長になれば案外おもしろいかもしれないとも感じた。ほかの立候補者はどういう人なのかよくわからなかったが、クラスメイトの親だけあって、このお母さんのことだけは動向が漏れ聞こえてきた。

チェコでは立候補して選ばれさえすれば、だれでも学校長になれる。教職員として働いた経験は立候補にあたっての条件にはない。学校の先生以外の人でも校長になれる可能性があるわけだ。学校をどのように運営していくかをプレゼンテーションし、その是非によって選ばれる。チェコの校長先生にもっとも求められているのは、どのように学校を運営していくかというマネージメント能力なのである。

ハナ校長先生が姿を消した学校に行くたびに、入学を希望し、校長室で家族そろって面談したときの情景があざやかに思い出された。子どもたちはいまは当たり前のような顔をして学校に通っているが、ハナ校長先生との出会いがなければほかの学校に通っていたかもしれない。なんだかこれまで進んでいた時計の針がぴたりと止まってしまったような感じがした。

❖学校を訪れる珍客

ツドイがいつになく大喜びで学校から帰ってきたことがあった。学校であったことを話したくて、うずうずしている。なんだと思ったら、インド人の手品師が突然教室に来て、見事な手品を次々に見せてくれたのだそうだ。いちばん感激したのはヤナ先生だった。手品師はインド風の手品の種明かしを書いた本を売りに来たのだが、「これは役に立つ」とその本を買ったのだという。それを聞き、「いったいなんの役に立つんだ」と思わず突っ込みを入れたくもなった。

このちょっとうさんくさい手品師の話を聞いて、ぼくが子どものころ、日本の学校や学校のまわりにはいろいろな人がいたことを思い出した。百科事典や教材の案内や申込書を配る人。文房具を売る人。学研のおばちゃん。ヒヨコやカメを売る人が学校の門の前にいたこともある。こうした人たちのことをいまも妙にありありと覚えているのだが、いつしか姿を見かけなくなった。

別の日にはドイツから〝ゲーム先生〟が教室に現れたと聞いた。とはいっても今度は物売りではない。コンピューターの専門家である。ヨーロッパ各地にあるシュタイナー学校を回り、コンピューターや携帯電話の怖さを話しているのだという。〝ゲーム先生〟はドイツ語で話し、二年生の担任の先生がチェコ語に通訳した。よほど話術が巧みで、おもしろかったのか、その人が話したことをツドイは帰ってくるなり一気に話しはじめた。

〝ゲーム先生〟は携帯電話の発する電磁波の危険性について話したあと、子どもたちの好きなゲームのことを話題にした。ゲームのいちばんの特徴は「自分が考えていると思わせて、実はなにも考えていないことだ」と彼は言い切る。楽器は毎日弾けば、少しずつでもうまくなる。しかし、ゲームはなにも考えていないから毎日やっても、上達するわけではない。自分で工夫してクリアしたと思う場面も、おもしろいと思わせる場面も、途中で飽きてきたと思うことまで、実はプログラムされた、計算尽くしのものだからである。プログラムにうまく誘導されているにすぎないのだ。うまくいかずにもうだめかと思っていると、ちゃんと〝秘密のアイテム〟が現れる。すべてはプログラムに支配され、人が考える一分の隙もない。考えているようでなにも考えていないのだ。ゲームがうまくなっているように感じたとしても、それは単に反射神経が訓練されたにすぎない。

要約するとざっとこんな話なのだが、ツドイは妙に納得したようで、それまでよくやっていたパソコンゲームをもうやらないと言い出したくらいである。ぼくが何度言ってもやめなかったのに、ものすごい説得力だ。〝ゲーム先生〟は二日間にわたって子どもたちに話をし、保護者向けの講演会も学校で開いた。毎回まったくちがう話をし、なにを話したのか、お互いに教え合おうというおまけつきだった。プラハの次はオーストリアにあるシュタイナー学校に呼ばれているという。コンピューターやインターネットが子どもたちにもごく身近な存在となるなか、引く手あまたのようだ。

〝ゲーム先生〟とツドイが親しみを込めて呼んだウヴェ先生は、ドイツのシュタイナー学校の教師で、インターネット社会に関する著作も多数ある専門家だ。学校の授業でコンピューターの使い方を教えたり、ゲームやインターネットをしすぎてはいけないと注意する先生はこれまでもいた。しかし、なにがどうして問題なのか、踏み込んで教えられる先生はいなかった。ぼくにしても、ただ「ゲームばかりするな」と頭ごなしに叱るばかりだった。〝ゲーム先生〟の出現は、ツドイが日ごろから疑問に感じていたことに明快な答えを示したようだった。

❖精神的なものから物質的なものへ

年に二回開かれるバザーの様子がずいぶんと様変わりしてきた。転校してきた当初、バザーはあくまで生徒が主体で、子どもたちが自分でつくったクリスマスカードやビーズのアクセサリー、クッキーなどを売っていた。なんとも素朴で、ほほえましいものがあった。しかし、回を重ねるごとに父母のコーナーが少しずつ増え、いつしか中等部のほとんどを占めるようになった。小等部の校舎でも子どものたちの〝お店〟は次第に隅へと追いやられていた。大人のつくったものはさすがに子どもがつくったものとは比べものにならないほどよくできている。やはりそのほうが人を呼べるのだろうか。いまではすっかり押すな押すなの大賑わいになった。ツドイはなんとかお店の場所を確保して、ミリアンと一緒に自分で焼いたマフィンを売ってバザーを楽しんだ。しかし、クラスメイトのカロリーナはお店が持てず、駅弁スタイルで売り歩く苦肉の策を思いつき、校内を行ったり来たりしていた。

バザーに参加する大人は主に在校生の親だが、卒業生や卒業生の親もいる。売っているものは、蜜蠟ろうそくや蜜蠟クレヨン、ライアー、草木で染めたスカーフや洋服、素朴な絵付けの陶器、木を彫り抜いた食器やスプーンなどで、共通しているのは「天然の素材」「手作り」「温かい色合い」「やさしい色合い」「柔らかなかたち」といった特長である。バザーにしては品揃えがよく、実際に店をやっている人も多い。シュタイナー学校に通っていないながらおかしなことかもしれないが、絵に描いたような〝シュタイナー色〟がそこにはあった。二人が毎日通っている学校と同じものとはどうしても思えなかった。音楽の授業で実際には使ったこともないライアーを、バザーでは「シュタイナー教育のための楽器」として紹介している。なんとも不思議な倒錯感だ。ヤナ先生も「バザーは騒がしいから嫌い」と生徒の前で言ってはばからず、顔も見せないのだが、こうした雰囲気を「騒がしい」と感じているのだろう。

バザーのときに学校を染め上げるこうした〝シュタイナー色〟を、子どもたちは実にクールに受け止めている。お店に並ぶ「シュタイナー教育グッズ」を見て、「おお、シュタイナーだなあ」と冷やかす。ツドイのマフィンを買おうとした子どもが「卵は入っているか」と尋ねてきたので、「入っている」と答えると、「ぼくはベジタリアンだから」と言って買わなかった。そんなときも二人は「やっぱりシュタイナーだよ」と顔を見合わせる。バザーの日に多くの大人が自動車で来ているのを見たヤーヒムは、「自然にやさしいとか、健康にいいとか言うのなら、どうして自動車になんか乗るのだろう」と疑問を投げかける。シュタイナー学校に通っていながらも、こうした〝シュタイナー色〟に対して思わず揶揄したくなるほどの違和感を、子どもながらに感じているようだ。

ぼくらは二〇〇六年からチェコに住みはじめた。この間、人びとの暮らしぶりは年々よくなってきた、と感じる。社会主義の時代や革命直後に比べたら、それこそ雲泥の差だ。駅に張り出された地下鉄運転手の募集ポスターに提示された給料は毎年のように上がり、平均所得も上がった。スーパーの品揃えはずいぶんとよくなり、手に入りにくかった新鮮な海の魚も店に並ぶようになった。社会主義の時代を思い出させる茶色いわら半紙のような質の悪いトイレットペーパーが以前は多かったが、いまでは白くて柔らかいものがずいぶん増えた。シュコダやトラバントなど、社会主義のときにつくられた古いクルマが走っているのを見かけることもめっきり少なくなった。

こうしてチェコの人びとの生活水準が上がることで、プラハのシュタイナー学校はよりシュタイナー学校らしくなろうとしはじめた気がする。社会主義の遺物のような中等部の校舎をシュタイナー学校らしく、木のぬくもりにあふれたものにする改築計画が見え隠れしているのもそのひとつだろう。日本から来たぼくにしてみれば、〝精神的なものから物質的なものへ〟、あるいは〝精神的なものばかりではなく物質的なものも〟、というチェコの人たちの心の過渡期を見ているようにも感じる。

❖シュタイナー学校のお金の話

子どもをシュタイナー学校に通わせていると日本の友人知人に言うと、学費が高いので、さぞかしたいへんだろうと言われる。無理をしているのではないかと真顔で心配されたこともある。それも一度や二度のことではない。シュタイナー学校を子どもたちの通う学校の候補として考えはじめたとき、最初、もっとも気になったのは学費のことだった。高い学費を支払う経済的な余裕はまったくない。学校を勧めてくれたカメラマンのヤンに、まっさきに尋ねたのも学費のことだった。外国の学校なので、見当さえつかない。しかし、「はっきり覚えていないが、別にたいしたことはない」と言うばかり。奥さんのマグダに任せっきりで、わかっていないようだった。学校のホームページを見ても、学費のことはとくに書かれていない。入学にあたってハナ校長先生と面談をしたときも、学費についてはとくに説明はなかった。

それもそのはず、ぼくが知りたいと思っていた授業料は、公立校であるプラハのシュタイナー学校には存在しなかったのである。授業料はないが、年間四八〇〇コルナの学校費と、年間一〇〇〇〜二〇〇〇コルナのクラス費がかかる。学校費はエポックのノートをはじめとする教材費や、教室の壁に色を塗るペンキ代などにあてられる。義務教育期間中とはいえ、普通の学校では必要とされない、シュタイナー学校独自のものは個人で負担するという考えだ。学校費を滞納する人が相次いだことがあったが、このときは「シュタイナー学校としてやっていくためには必要なお金です。もしそれを払うのが嫌なのであれば、普通の学校に行ってください」とヤナ先生がいつになく強い調子で言ったことがある。

一方のクラス費は校外授業で行く美術館の入場料などにあてられ、途中でなくなると、再度一〇〇〇コルナが集められる。このクラス費の管理は父母会の会計係が担当し、払うのを忘れていると父母会の集まりなどで催促される。給食費は月五〇〇コルナ程度だが、一食いくらで計算されるため、月によって変動がある。さらに毎年、学年末に行く自然学校が三〇〇〇コルナ程度。こうした費用を合わせると、授業料は無償だとはいっても、年間ざっと一万五〇〇〇コルナ、約七万五〇〇〇円の学費がかかることになる。チェコの平均月収は二万コルナ強なので、公立校だからといって、教育費の負担が軽いわけではけっしてない。

施設費は現在、とくに徴収されていない。しかし、社会主義然とした中等部の校舎を、シュタイナー学校らしい建物にしようとする改築計画が現在あり、設計図もできあがっている。もしこの計画が実行に移されれば、改装費の負担が親に求められることになるという。その額は生徒一人あたり一万コルナともそれ以上とも噂されている。シュタイナー建築による校舎を建てようとすれば、天然の素材をたくさん使用するため、一般的な校舎を建てるのに比べ、どうしても高くつく。その分、親にも相応の負担を求めようというわけである。もっとも、多くの親はこの計画には反対するか、無関心を決め込み、計画倒れになることを期待しているようだ。ぼく自身、見てくれを気にしない、いまのままの校舎のほうがよほどプラハのシュタイナー学校にふさわしいと思っている。そもそもこの学校は、だれでも通えるシュタイナー学校として開校したのだ。

❖ヒッピーの学校？

プラハではシュタイナー教育を謳う幼稚園がちょっとしたブームになっていると聞いていた。こうした幼稚園に通ってからシュタイナー学校に入学してくる一年生や二年生は、服装から持ち物、髪型、立ち居振る舞いまで、小さいながらも身体全体でシュタイナー学校の生徒であることを主張している子どもが少なくない。澄んだ目の輝きは、まるでメルヘンの世界に暮らす少年少女といった面持ちだ。ベジタリアンとして、肉をまったく食べない食生活を送っている子もいる。こうした生徒のために、一時期、ベジタリアン向けの給食も用意された。給食費は普通の給食に比べ、倍くらい高くなったが、それでも頼む人がたくさんいた。

もちろんそのように子どもを育てているのは親である。その親の持つ教育方針がそうさせているわけだ。親もまた〝シュタイナー的〟ないでたちに身を包んでいる人が少なくない。男女ともに長髪。長い髪を束ねている人も多い。天然素材の生地をやさしい色合いに染めた、身体を締めつけないデザインの服装。大地に由来するアースカラーも多い。その姿はヒッピーによく似ている。バザーのときに自分で焼いた焼き物や自作のアクセサリー、オリジナルのTシャツなどを売っている姿も、ヒッピーを髣髴とさせる。ただ、むさ苦しい印象のあるヒッピーに比べ、清潔で、さわやかで、明るい感じだ。

既成の価値観を否定し、自然への回帰を志向したヒッピー文化は、一九六〇年代後半から七〇年代にかけ、主にアメリカを舞台に一世を風靡した。一時期、影を潜めたが、九〇年代からふたたび静かなブームとなった。長い間、チェコで人びとの自由を奪ってきた共産体制が崩れ、新しい価値観を模索しはじめた時期ともちょうど重なる。もともと自然志向が強いチェコの人びとにヒッピーの考え方は自然と受け入れられたのだろう。自由に生きる人のことをボヘミアンというが、その語源はチェコにある。

学校に集まるヒッピー然とした人たちのことを、本当にヒッピーと呼んでよいのかどうかはわからない。そう呼ばれることを肯定する人もいるだろうし、否定する人もいるだろう。少なくとも六〇年代のヒッピーとはちがうというかもしれない。社会に対する反抗がおのずとヒッピーのようないでたちになるのだと説明する人もいる。ヒッピーという言葉を知らないツドイは「シュタイナーの人」と呼んでいる。そう言えば、だれのことを指しているのか、クラスメイトにもすぐわかる。ヒッピー流の自由な考え方や自然志向と、シュタイナー学校の自由な校風が合致し、この学校を選ばせているのだろう。両者はけっしてイコールではないとは思うのだが、うまく融合しているのもまたたしかなようだ。

もっともこうした「シュタイナーの人」はよく目立ちこそすれ、数が多いわけではない。ヒラクのクラスメイトにも、ツドイのクラスメイトにもいない。いるとすればボイタの父親ペトルくらいである。ときどきヒッピー風のいでたちで父母会に少し遅刻して現れてはおどけた仕草をして、みんなの笑いを誘う。ペトルは六〇年代のヒッピー文化への共感を口にし、実際ヒッピーな生活を送っていたことがあると聞いた。しかし、彼はヒッピーではあるけれども、「シュタイナーの人」ではない。このあたりはやはり人それぞれある。

先生の数だけシュタイナー教育があるように、親の数だけシュタイナー教育があるのではないかと思うことがある。そのなかでもひとつ共通していることがあるとすれば、それは既存の学校や教育制度に対する漠然とした疑問や不安だ。シュタイナー学校は普通の学校よりもいいかもしれない、と可能性を求めて集まってくるのである。

❖講評だけの通知表

シュタイナー学校の通知表はかなり変わっている。数字の評価がどこにもない。それに代わるのが、言葉による評価だ。この評価は先生の目から見た生徒の理解度や進み具合、課題や問題点などからなり、ごく簡潔に記述されている。長いものもあれば、短いものもある。担任の先生をはじめ、授業を受け持つ先生それぞれの手で通知票に書き込まれている。

- ツドイの通知表より（六年生）

生物のエポック……自然が大好きです。しかし、心の中で自然のイメージをもっとふくらませ、理解していくべきです。授業中のノートは教科書ですから、その助けとなります。しっかり家で復習してください。

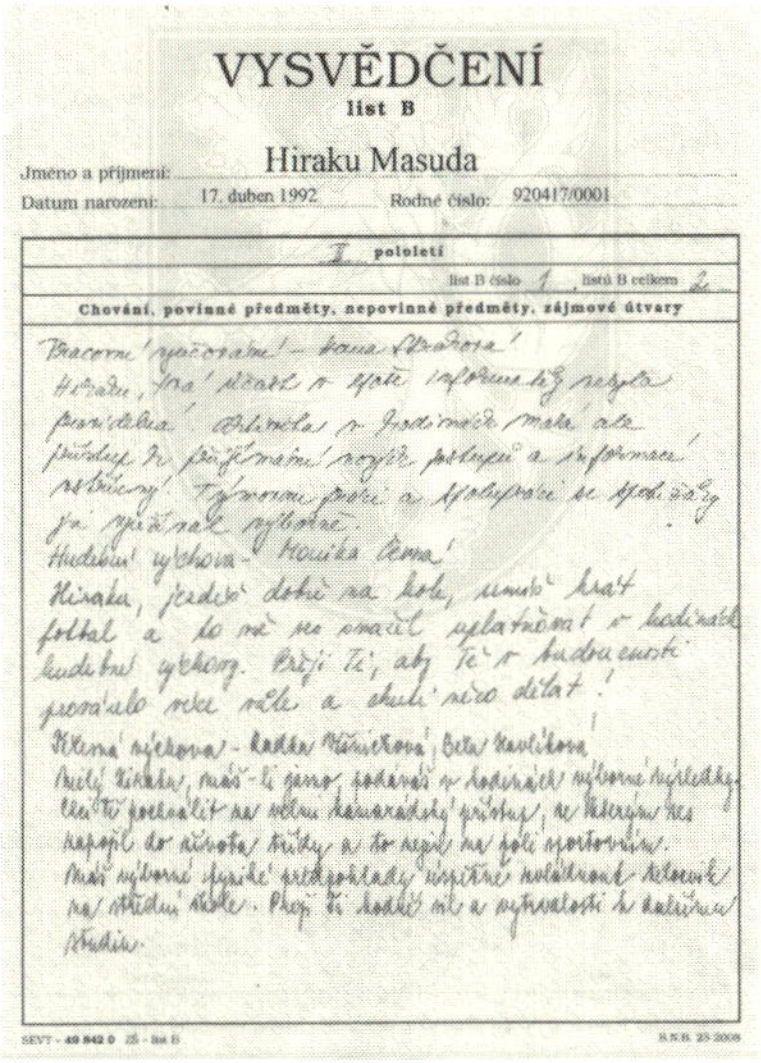
VYSVĚDČENÍ
list B
Jméno a příjmení: Hiraku Masuda
Datum narození: 17. duben 1992　Rodné číslo: 920417/0001
I. pololetí
list B číslo 1, listů B celkem 2
Chování, povinné předměty, nepovinné předměty, zájmové útvary

ヒラクの通知表。通知表は前期と後期の２回渡される

歴史のエポック……歴史のノートはよくできていて、挿絵もとてもかわいらしいです。しかし、そこからなにも学んでいません。マンガを書くことが勉強ではありません。

英語……とても優秀です。上手に文章を読み、臆せずに会話ができます。言葉に対する直感的なセンスの持ち主です。

・ツドイの通知表より（七年生）

親愛なるツドイ　チェコ語の成績がとてもよくなりました。間違いはこれまでに比べ、ずいぶん減りました。これからは勘に頼らず、もっとしっかり意識して理解を深めてもよい時期だと思います。他の教科では集中力、意志、努力、そして家での予習復習が欠けています。どの教科でも自発的に勉強しようとはせず、人任せで、上っ面だけをなぞろうとしています。これはツドイの将来にとってよくないことです。歴史のエポックでは最低枚数のレポートしか書かず、物理のレポートはまだ終わっていません。数学は大きくつまずき、語学はまだスタート地点に立っています。これはすべて集中力がないからであり、努力していないからです。それでいて成績表を渡される週になると、ツドイはそれまでとは見違えるほど、自発的になりました。アカデミーの劇の台詞もすぐに覚えてしまい、数学のエポックにも集中して取り組むようになりました。できるのにやらない。これはもっとも悪いことです。ツドイ、もし本当にまじめに勉強しないと、八年生に進級してからとても痛い目に遭います。卒業まで時間はもうあまり残っていないのですよ。

●ヒラクの通知表より（九年生）

生物のエポック……集中して注意深く授業に耳を傾け、自分の感覚で物事をとらえようとしています。チェコ語に訳してくれた日本の詩（茨木のり子の詩「わたしが一番きれいだったとき」を指す）は、一生の宝物にします。詩を読んで、先生は感動し、泣きました。

音楽……自転車に乗るのがうまくなり、そしてサッカーの名選手になりました。これが音楽の時間に学んだすべてです。

ツドイの通知表にしろ、ヒラクの通知表にしろ、生徒のことをしっかり見ていなければできない寸評ばかりである。行間には愛情がにじみ出ている。ヒラクの音楽の評価は皮肉っぽいが、温かくもある。ツドイの七年生のときの成績表はずいぶんと手厳しい。六年生のときは一生懸命勉強していたツドイだったが、七年生になると注意力が散漫になり、生活態度もだらしなくなった。ヤナ先生はそれを見落とさなかった。愛情は同時に厳しさも含んでいる。この点にこそ、シュタイナー学校らしさはあるような気がする。

独自の通知表が問題になることもある。高校受験の内申書だ。一般の学校と同じように、数字による評価を書き込まなければならない。このときばかりはシュタイナー学校でも数字による評価が特別になされる。とはいっても、担任のビエラ先生がみんなの前で読み上げるその数字を、生徒は自分で内申書に記入していく。数学や語学は絶対評価が基本となっているが、音楽や美術は全員「1」（チェコでは数字が小さいほうが高い評価）。これがまた甘いのだが、芸術科目を数字で評価するなんてそもそもナンセンスなのかもしれない。

❖内申書に感じた校長の愛情

世界的に見ると、シュタイナー学校には幼稚園や小学校から高校まで一貫教育を行なう学校が多い。しかし、公立校であるプラハのシュタイナー学校は、チェコの教育制度に合わせ、小等部から中等部まで九年間の一貫制となっている。このため、シュタイナー学校の高等部に進むには試験を受ける必要がある。受験とはいっても、チェコはいたってのんびりムード。進学塾はあるにはあるが、日本のように目立つ存在ではなく、クラスメイトで行っている人はほとんどいない。受験だからといって急に勉強をはじめることはなく、映画のビデオを山ほど貸し借りし合うなど、とても受験生には思えないほどだ。

九年生の授業は、それまでの学年とは異なり、受験を念頭に入れたものになる。ヒラクも授業を受けながら、自然と受験に備えた勉強をはじめていた。しかし、八年生のとき、ハナ校長先生とビエラ先生を交えた話し合いにより、ヒラクは落第して、九年生をもう一度やることになっていた。チェコ語の理解がまだ十分ではなく、そのほうがよいだろうとの結論だった。実際、受験をしたところで、合格するのはとても無理だろうと踏んでいた。ヒラク自身もそう思っていたようだ。チェコの受験シーズンである四月が近づいても、当初の予定どおりに落第するのか、受験するのか、ヒラクの行く末は不透明なままだった。心配になって「どうなっているのか」と聞いても、ヒラクもどのような運命が自分を待ち構えているのか、よくわかっていない様子だった。それでもクラスメイトと一緒にシュタイナー学校の高等部のほか、進学校であるギムナジウムなど、いくつかの高校の説明会に出かけ、とりあえず高校に進学する準備はしていた。

九年生になってヒラクのチェコ語能力は急速に高まっていた。それにともない、授業の理解度も比べものにならないくらい増していた。そんなヒラクの姿をつぶさに見ている担任のビエラ先生は高校に進学することを勧めるようになった。九年生をもう一度やるなんて無意味だと言いはじめたのである。あとは学校から姿を消してしまったハナ校長先生の判断待ちということだった。内申書を書くのが学校長としての最後の仕事なのだという。進学するのか、それとも落第するのか、なんだか落ち着かない、どっちつかずの日々が続いていた。そんななか、ヒラクが校長先生直筆の内申書をうれしそうに持ち帰った。高校を受験する許可がおりたのである。この内申書は受験する学校への手紙のようなかたちで、生徒に対する寸評がＡ４の紙二枚にわたって長々と書かれていた。封はされていないので、なにが書いてあるのか、自由に読むことができる。

「とても優秀な、ギムナジウム向きの生徒です。ギムナジウムに進学し、勉強を続けてください」

ハナ校長先生はヒラクの学校での様子や成績を綴ったあと、そうまとめていた。生徒のことをよく見ていなければとても書くことのできない、愛情にあふれた内容だった。クラスメイトと一緒に高校へ進学できる。ヒラクの表情がパッと明るくなった。この内申書は結局ハナ校長先生の置き土産となった。なんだかさわやかな、風のような先生だった。

❖ヒヤヒヤの高校受験

ヒラクは高校に進学できることになったものの、いったいどの高校を選べばよいのか、どうにも見当がつかなかった。日本であればこの学校が優秀だとか、あの学校は個性的だとか、多かれ少なかれ、情報を持っている。噂もあれこれ耳に入ってくる。こうした予備知識をチェコの高校についてはなにひとつ持ち合わせていなかった。チェコ人の友人に尋ねても、どうも要領を得ない。人によって勧める高校がちがい、同じ高校でもよく言う人がいれば、悪く言う人もいる。せっかくシュタイナー学校に通っているのだから高等部に進むのがいちばん素直かもしれない。しかし、ハナ校長先生もビエラ先生も、ヒラクは進学校であるギムナジウムに進学すべきだと考えているようだった。そのほうが将来の可能性が広がるからである。ぼくはヒラクに「将来、なにになりたいのか」「どんな仕事に就きたいのか」と、父親としてごく月並みなことを尋ねた。しかし、なんの答えも返ってこなかった。無理もない。日本を離れてチェコの学校で学ぶようになったものの、この先、自分がいったいどうなっていくのか、まだ想像さえできていないはずだ。

なにもわからないぼくや妻が口出しをしても仕方がないので、ヒラクにいっさいを任せることにした。見かねたのか、クラスメイトのアネマリーの母親が助け船を出してくれた。プラハの中心街ムーステクにあるギムナジウムの校長先生に、「チェコ語はまだ完全ではないが、数学がとてもよくできる日本人がいる」と紹介してくれたのである。アネマリーもこのギムナジウムに進むことを希望していた。さっそくヒラクは一人で見学に行き、校長先生ともその場で面談を取りつけた。校長先生はヒラクになにかを感じたのか、とても有利な条件を提案してきた。それはチェコ語には目をつむり、数学の点数を二倍にして、採点するというものだった。日本の受験ではちょっと考えられないことかもしれないが、これもヒラクが自分の力で切り開いたことである。このときヒラクはぜひともこの学校で学びたいと心に決めていたようだ。

受験するには願書を志望校に持参し、出願する。受験日は全校共通で、二回ある。とくに人気のある学校は最初の試験で定員がいっぱいになることが多い。このため最初に第一次志望の高校を受験し、不合格の場合は二回目の試験に運命を託すのが基本的なパターンだ。欠員が出た学校では三回目の試験も実施する。ヒラクはビエラ先生と相談しながら、シュタイナー学校の高等部とギムナジウムを受験することに決めた。さらに彼なりに考えて、ちょっとした作戦も立てた。まず一校合格してしまい、気持ちが楽になったところでもう一校受けるというものである。まず受験したのはシュタイナー学校の高等部だった。安全パイのはずだった。試験の出来も自分では満足できるものだった。しかし、面接試験で校長先生から「チェコ語の能力が劣っている」と指摘された。そして、合格しても正規の生

入試の前日、ヒラクの合格を祈ってギムナジウムの前で記念撮影

徒としてではなく、まずはゲストとして迎え、二カ月ほど様子を見ると釘を刺された。日本からプラハのシュタイナー学校に転校してきたときとまったく同じ状況である。

合否は学校のホームページに掲載される。作戦どおり、合格したものの、ヒラクの顔は浮かなかった。校長先生に言われた「二カ月間、様子を見る」という言葉が引っかかっているらしい。ビエラ先生も「チェコ語の能力はもう十分ついた。なにをいまさら、そんなことを言うのだろう」とヒラクの肩を持った。高等部の校長先生に文句の電話もしていた。もっともビエラ先生は開校してまだ日の浅い高等部には学校として不安定な要素が少なくないため、教え子を進学させることに躊躇している様子だった。そのためできるだけギムナジウムに進むよう、生徒を指導してきた。それで奮起したのか、ヒラクは毎日、夜遅くまで希望のギムナジウムが過去に出願したテスト問題を繰り返しやっていた。ヒラクが本当に受験勉強らしい勉強をし、家に受験生がいるといういくぶん緊張した空気が漂ったのはこのときだけだった。わずか二週間足らずのことである。

二次募集ということもあり、倍率は一〇倍以上にふくれ上がった。さすがに無理かと思ったが、試験から戻ったヒラクの顔はいつになく晴れやかだった。力を出し切り、手応えを感じたのだろう。合否結果はその日のうちに出るはずだったが、明け方までもつれ込んだ。それまで気が気ではなく、何度も起きてはホームページを確認した。合格者リストに彼の受験番号と名前のイニシャルを見つけたときは、本当によくやったと思った。二位の好成績だった。日本から遊びに来ていたぼくの母も大喜びだった。こうしてヒラクは自分できちんと進路を決め、自分の足で歩き出した。わずかのあいだにすっかり成長したものだと、一回り大きく感じた。

❖「アカデミー」と呼ばれる学芸会

プラハは中世の面影をいまに残す古都である。くまなく巡らされた石畳の路地、尖塔がそびえる城へと向かう坂道、欄干に彫像が並ぶ石橋。そんなプラハの古い街角にある昔ながらの劇場で、アカデミーと呼ばれるシュタイナー学校の学芸会が毎年、学年末に開かれる。普段はプロの俳優が舞台に立つ、本物の劇場だ。そこに、一年生から九年生まで、シュタイナー学校の全生徒が一堂に会し、高等部に通う生徒も参加。演劇やオイリュトミー、歌、楽器演奏など、一日がかりのプログラムが繰り広げられる。

アカデミーという名のとおり、単なる学芸会ではない。表現を通じ、一年間に学んだことを発表す

アカデミーの一場面。ツドイはキトン風の服を着て舞台に立った

るのがねらいだ。ツドイのクラスでは六年生のとき、英語の授業でテキストに使った「ロビンフッド」を演じた。当初ヤナ先生は父母会で、劇は英語でやると話していた。しかし、結局はチェコ語になった。「せっかくアカデミーに来てくれるのに、お父さんお母さんがわからないと困りますからね」とヤナ先生は冗談っぽく笑う。四年生と五年生のときは台詞がなかったツドイも、はじめて台詞を与えられた。長い台詞だったが、間違えずに言えたと大喜びだった。七年生ではオイリュトミーをやった。練習不足で、出来はいまひとつだったとツドイは反省していた。

アカデミーの舞台裏を支えるのは父母である。チケットを売り、クローク係をし、幕間には販売コーナーを開く。おなかをすかせた子どもたちが群がり、手作りのオープンサンドやケーキ、クッキーなどが人気を集める。売上げの一部は劇場を借りるお金にも当てられる。ぼくはぼくで毎年写真係として、全学年の舞台を撮影し、写真を学校に渡してきた。ここでもみなができることを手伝う。最後のアカデミーになる九年生のヒラクたちは、シュタイナー学校での生活をおもしろおかしく振り返る内容の劇をするという。先生をからかい、シュタイナー教育を揶揄する、かなりきわどい内容になるとのことで、楽しみにしていた。子どもたちの本音が垣間見られると思ったからである。そんな内容の劇をアカデミーで演じることに、担任のビエラ先生はとくに反対はしなかった。逆に「おもしろい」と相づちを打ったくらいだという。しかし、生徒のあいだから「さすがにこれはまずいのではないか」との意見が出て、いつしか立ち消えになった。結局、「お菓子の家」と「眠り姫」の二つの物語から着想を得たコメディーを演じることになった。シナリオを書いたのはカトカだった。ヒラクは女物の浴衣を着て王女様を演じ、青いドレスを着たクリシュトフは眠り姫の役だった。観客席は笑いの渦に包まれた。少し倒錯した内容に、シュタイナー学校で学んだ九年間を振り返ろうとした最初のアイデアが込められているようにも感じられた。

劇が終わると、九年生はずらりと舞台に並び、ビエラ先生が一人ひとりにバラの花を渡し、キスをした。そして、生徒を代表してカトカとアニチュカの二人が、先生に贈り物を渡した。学校に泊まり込み、クラスメイト全員で分担してつくった青いパンツである。それが卒業式だった。卒業証書の贈呈も、国歌の斉唱も、国旗の掲揚もなにもなかった。あっけないほど短いが、心温まるものがあった。客席の親たちは舞台にいる先生と子どもたちに拍手を送った。拍手はしばらくのあいだ、劇場に響き渡っていた。落第して九年生をもう一度やる予定だったヒラクも、クラスメイトと一緒にこうしてプラハのシュタイナー学校を卒業することになった。

第7章

〝バカの学校〟と呼ばれて

❖個人面談で自らの理解をプレゼンする

ツドイが七年生のときのこと、クラス全員に対して三者面談が開かれることになった。ヒラクのときにはなかったことである。普段の父母会で、先生と親との意思疎通が十分図れていると思っていただけに、いったいどのようなことを話し合うのだろうかとつい身構えてしまった。両親ともに参加するようにとのことだった。もしかするとむずかしい話し合いになるかもしれないと、ヒラクと家庭教師のミシャにも通訳として同席してもらうことにした。三者面談というより、まるで家族面談になった。指定の時間に学校に行くと、ちょうどカロリーナの家族が面談を終え、教室から出てくるところだった。ツドイが「どうだった?」と目配せすると、カロリーナは「大丈夫、心配ないよ」という表情を浮かべていた。クラスが荒れ気味なこともあって、先生からきつくお灸を据えられるかもしれないと、クラスメイトはみんな気が気ではなかったのである。

ツドイを真ん中に挟み、ぼくがミシャと、妻がヒラクとそれぞれ並んで腰掛けた。先生側はヤナ先生と先生のアシスタントを務めるイロナ先生、それに物理を担当するリス先生の三人だった。ヤナ先生の手元に積まれたエポックのノートが目を引いた。先生は毎回エポックが終わるたびに生徒からノートを集め、書いている内容を確認している。そうすることで、生徒が授業にきちんと取り組んでいるかをチェックし、理解度を推し量っているのである。ヤナ先生はノートを一冊ずつ開いては、授業でなにを勉強したのか、その要点はなんだったのか、ツドイに質問していく。それに対し、ツドイはごく簡単に、学んだことを答えている。長く説明すると思わぬボロが出るとでも思っているか、慎重に言葉を選んでいるのがおかしい。先生はノートを確認しながら、絵がきれいに描けていることや、授業の内容をきちんと理解していることを、笑顔を浮かべてほめている。物理のノートはリス先生が講評した。先生はツドイの絵がマンガっぽいことに難色を示しながらも、ほかのどの生徒より楽しく、生き生きとした絵だという。結局どちらなのか、よくわからないのだが、それが先生の意見だった。是非を問うているわけではないし、絵にツドイの個性を認めているわけである。

ツドイはこうして先生と親の前で、一年間の授業の理解度を自らの手で〝プレゼン〟していった。なかにはあまり理解していないポイントもあり、先生に指摘されることがあったが、だからといって先生がツドイを叱ることはなかった。このやりとりを横で見ながら、シュタイナー学校ではなぜ点数による評価をしないのか、はじめてよくわかった気がした。テストで何点取るかよりも、なにをどのように理解したのか、そして理解していないのか、自分で知ることを重視しているのである。シュタイナー学校でもテストはあるが、それは点数をつけるためではない。なにができたかよりも、なにができなかったかを知る手がかりにすぎないのだ。だから点数に意味がないのである。

もちろんテストの点数も理解度を客観的に判断するひとつの尺度となる。しかし、どうしても点数がよかったか悪かったかだけで終わってしまいがちだ。日本の学校に通っていたとき、ヒラクもツドイもテストの点数が悪いと、親に見せることもなく、こっそりゴミ箱に丸めて捨てていた。本当はできなかったテストを見直し、なぜ間違えたのか、なにが理解できていないのか、確認していくべきなのである。しかし、そんなことはまずしない。点数が悪かったという目先のことにとらわれ、それだけで終わってしまうのだ。ツドイの〝プレゼン〟のあと、進路をどのように考えているか、親を交え、ごく簡単なやりとりがあった。ツドイは美術系の高校に進みたいと考えていると言った。すると、

「ツドイにはたくさんの可能性があるのに、高校の段階で狭めてしまうのはどうかと思います」とヤナ先生は助言した。一人ひとりの生徒のことをよく見ているだけあり、これから先の将来をしっかり見据えた、生徒本意の指導だと感じた。

❖シュタイナー学校は周囲から浮いているか

「ミリアンと学校から帰る途中、近くにある学校の子が、〝バカの学校〟〝落ちこぼれの学校〟って意地悪、言うんだよ。ひどいよね」

ある日、ツドイが帰宅すると、ぶつぶつ文句を言いはじめた。どうもいまにはじまったことではないらしい。ヒラクはヒラクで、ギムナジウムの見学にクラスメイトと一緒に行ったとき、「おかしな学校からも来たぞ」とからかわれている。出来の悪い学校の生徒が、いったいなにをしに来たのかという口ぶりだったそうだ。たしかに〝バカの学校〟〝おかしな学校〟というのが、シュタイナー学校に対する、チェコでの広く一般的な見方なのかもしれない。シュタイナー教育発祥の地であるドイツでも同様のようだ。子どもをシュタイナー学校に通わせていることをプラハに住むドイツ人の親友に言うと、どうしてそんな学校を選んだのかと、失笑さえ漏らしていた。

そもそもシュタイナー学校はプラハには二校しかない。しかも少人数制で、生徒数はごく限られている。特殊すぎて、この学校に通っている生徒を実際に知っている人はほとんどいないといっていいだろう。それにもかかわらず、子どもたちがシュタイナー学校に通っていると言うと、たいていの人は「知っている」「名前を聞いたことがある」と答える。シュタイナー学校がどのようなところなのか知られていなくとも、名前だけはよく知られているのだ。それでいて〝バカの学校〟と言われたりもする。なんだかよくわからない学校だから、そのように言われてしまうのだろう。その意味ではなんとも不思議な位置づけの学校だ。

シュタイナー学校の生徒には、普通の学校でうまくなじめず、転校してきた生徒が少なくない。そんなことから、〝落ちこぼれの学校〟との風評が立つのだろう。ヒラクやツドイはその一人かもしれないし、二人の仲のよい友だちであるヤーヒムやヨハナもそうだった。ヤーヒムがシュタイナー学校に転校してきたのは五年生のときで、それまでは普通の学校に通っていた。テレビをまったく見ず、休みの日には父親に連れられ山に登っては写真を撮るような生活を送っていた。そんなこともあってか、クラスメイトの話題にはまったくついていくことができなかった。興味も持てなかった。クラスでもちょっと変わった生徒だったヤーヒムは、いつしかクラスメイトとコミュニケーションをとることさえむずかしくなっていた。

「クラスで浮いていたんです。格好よくいえばアウトサイダーだったのですが」とヤーヒムは言う。クラスメイトとうまくやっていこうと思えば思うほど、さらに浮いていった。そんなヤーヒムのことを心配し、なんとかしようと悩んだ彼の親がシュタイナー教育に可能性を見出し、転校させることにしたのだった。このあたりの事情はヒラクと重なる部分もある。

シュタイナー学校に一年生のときから入学した生徒にも、もし普通の学校に入っていたら、クラスで浮いてしまう子が少なくないのかもしれない。なぜ浮いてしまうのかといえば、性格の問題だったり、共通の話題が持てなかったり、理由はさまざまだろうが、要はコミュニケーションがうまく図れないからなのだろう。「みんな同じ」をよしとするなかで、「みんなと同じでなくてもよいのではないか」と考えれば、おのずと浮いてしまう。シュタイナー学校に子どもを通わせる親は親で、子どもは自由に育ってほしいと願い、それには普通の学校よりもシュタイナー学校のほうが向いていると考える。先生たちもこうした個性を抑えつけようとはせず、あるがまま、自然に受け入れようとする。生徒は生徒で自分を押し殺そうとはしない。だからといって個性と個性がぶつかり合って対立するわけでも、協調性に欠けているわけでもない。伸び伸びとしているだけである。

❖〝バカの学校〟の意外な進学率

九年生も半ばになると、高校受験に向け、学校はちょっとした臨戦態勢に入る。先生たちは総出で、授業が遅れている科目や、生徒の理解度が低い科目などを集中して教えるのである。シュタイナー学校のカリキュラムは一般校とは大きく異なるため、受験ではどうしても不利になりがちだからだ。受験科目は国語（チェコ語）と数学の二科目という高校が多いが、内申点も合否に関係してくる。高校によっては内申点のよい生徒は試験を受けなくても入学が認められる推薦制度を敷き、そうではない場合でも内申点が入試の点数に加算される。このあたりの仕組みは日本の受験事情と同様だ。

先生によって教え方がちがい、教科書も使わないため、学年によってどうしても出来不出来にばらつきが出てくる。ヒラクのひとつ上の学年はとくに遅れている科目が多く、先生たちは付きっきりだった。授業の応援に駆り出されたヤナ先生やビエラ先生は、「どうしてこんなことができないのだろう」と、ときおり生徒の前で嘆いていたそうだ。その点、ヒラクのクラスはほとんど問題がなく、土日にビエラ先生が数学の補習をしたくらいだった。それは六年生のときに先生が担任になってからというもの、高校に進学するという現実を見据えながら、授業計画を立ててきたからだろう。

社会主義の時代のチェコでは、中学校を卒業すると、クラスのおよそ三分の二の生徒が職業訓練のための学校に進んだ。建築学校や料理学校、ホテルやスーパーの従業員になるための学校、肉屋のための学校など、職業ごとに細分化された訓練校である。卒業しても大学には進めず、そのまま実社会に出て働くことになる。今日、チェコの普通の中学校では一クラス平均三四人の生徒がいる。そのうち職業訓練校に進むのは六人程度で、多勢をしめる二五人が経済高校や商業高校、工業高校など、専門高校に進み、残りの三人が進学校であるギムナジウムに進学する。専門高校もギムナジウムも卒業に際して、マトゥリタと呼ばれる大学進学資格試験が行なわれ、その成績によって希望する大学を受験することになる。これが現在のチェコの平均的な進学事情である。一方、シュタイナー学校の進学先はこの平均とはだいぶ異なる。ヒラクのクラスメイト二三人のうち、専門高校には一〇人、ギムナジウムには一三人が進んだ。専門高校のうちの七人がシュタイナー学校の高等部で、残りの三人は商業、写真、電子技術をそれぞれ専門に学ぶ学校に入った。チェコの軍隊学校に進みたいという生徒が一人いて、どうしたわけか日本人のヒラクに「一緒に入ろう」と誘ったりもしたが、結局、職業訓練学校にはだれも行かなかった。

クラスで一、二を争う優等生のカトカはシュタイナー学校の高等部に進んだ一人である。本人はギムナジウムに進むことを希望していたようだが、医師をしている母親の強い意向に押し切られたかたちだった。カトカのほかは、ロックが好きなマルティンやミハラなど、どちらかというと勉強するよりも遊びたいと思っている生徒がシュタイナー学校を選んだ。シュタイナー学校を続ける生徒が意外に少ない気もするが、「もう九年間も一緒にいたから、別の学校に行きたかった」とクリシュトフは笑う。学習意欲が十分育まれ、ギムナジウムでないと物足りないと感じているのが本音らしい。シュタイナー学校という揺りかごから独り立ちしたといってもいいだろう。クリシュトフはミクラーシュとアニチュカとともに、プラハでもっとも優秀と評判のギムナジウム、ケプラー高校に進んだ。ヤーヒムも変化を求め、ギムナジウムを選んだ。運動神経抜群のトマーシュは、スポーツに特化したギムナジウムに合格。ヒラクもギムナジウムに進学した。こうして見ると、〝バカの学校〟と言われるシュタイナー学校の進学率が意外に高いことがわかる。もっともこれはビエラ先生がギムナジウムに進ませる方針だったことが大きい。もし担任が替わらず、ナジャ先生がそのまま続けていたら、シュタイナー学校の高等部に進んだ生徒がもっと多かったのかもしれない。

❖学校をやめたビエラ先生

ヒラクが九年生を終えると、ビエラ先生は担任を持たなかった。在学中から先生は「担任は持たず、数学だけ教える」と生徒の前で話していたそうだ。ビエラ先生はヒラクのクラスを六年生から九年生まで教えた。途中からとはいえ、それでも四年だ。十分に長い。ふたたび担任を受け持つ気力を持てないでいるのではないかと胸中を察した。一年ぐらい、ゆっくり休みたいと思っているのかもしれない。それで専門の数学だけを担当しようとしたのだろう。ツドイは校内でビエラ先生のことを見かけたと、ときどきヒラクに言っていた。予定どおり、数学だけ教えに来ているようだった。しかし、そのうちツドイが話題にすることもなくなった。先生と学校で会うことがなくなったのである。学校をやめたとの噂が流れたのはそのころのことだった。ハナ校長先生のときと同じように、なにが起こったのかはよくわからない。担任をはずれていたせいか、父母会でも話題にならなかった。

意外な真相がわかったのはそれからだいぶ経ってからのことである。ヒラクたちは卒業後、三カ月に一度は同窓会を開き、チャイヨブナーに集まっては近況報告をしていた。ハイキングに出かけたり、カヌーで川下りをしたこともある。その同窓会に顔を出したビエラ先生がみんなの前で重たい口を開いたのだった。校長がハナ先生からパヴェル先生に変わり、これからも学校で教えるかどうか意思確認をするため、先生同士の面談があったのだそうだ。その席で、シュタイナー学校の教師にふさわしいかどうかを確かめる、教育法についてのちょっとした質問があったという。あまりにも基礎的なことを聞かれたことにカチンときたのか、先生は「むかし勉強したけど、そんなこと、もう忘れた」と答えた。

ビエラ先生が本当に忘れていたのか、それともわざとそう言ったのかはわからない。先生の性格からすれば、たぶん知っているのに答えなかったのだろう。校長先生との話し合いで、物理を教えていた大学教授のサム先生や、ギムナジウムの教師で歴史を教えていたバーラ先生がシュタイナー学校を去っていた。いずれもビエラ先生が学校のためによかれと思って招いた先生たちだった。本当はシュタイナー学校で学ぶ娘のサーラに数学を教えながら、間近に迫る卒業を見届けたいと思っていたようだが、もはや学校に居場所はないと判断するしかなかったようだ。それで学校をきっぱりやめる決断をしたのである。ビエラ先生までやめてしまったことで、入学の面談をしたときにハナ校長先生が言っていた「学校の改革」の意味がくっきりと浮かび上がってきた。ビエラ先生らとともに、いまの時代にふさわしいシュタイナー教育のありようを模索し、学校を変えようとしていたのである。ギムナジウムへの進学率を高めようとしたのもその現れだった。

❖低学年向けの先生、高学年向けの先生

学校に通いはじめた当初のゲスト期間中、校長室で毎朝ハナ校長先生と話し合いをした。このとき、ツドイの隣の教室がちょっと変なことに気がついた。一つ上の五年生の教室だった。授業中であるにもかかわらず、なんだか妙にざわざわして、落ち着きがない。騒いでいる生徒と目が合っても、すぐに目をそらした。学年末の学芸会「アカデミー」ではこのクラスだけ出し物の時間が極端に短く、舞台に上ったかと思うと、すぐに終わってしまった。オイリュトミーを演じたのだが、ばらばらで、出来も悪かった。それから事態は少しずつ、少しずつ悪くなり、ついにこのクラスが七年生になったとき、問題は一気に爆発した。学級崩壊してしまったのである。担任の先生はなんとか立て直そうとしたようだが、もはや収拾がつかなくなっていた。まるで関係のこじれた親子や兄弟姉妹である。家に帰ってきたヒラクとツドイは、七年生が校舎の玄関を壊したり、椅子を投げて窓ガラスを割ったりした、となにかと噂した。それもこれも先生に対する反発からだというのだが、なぜ反発するのかと二人に聞いても、心当たりはとくにない様子だった。

七年生の問題はツドイのクラスの父母会でも深刻な話題となった。ヤナ先生は学級崩壊の状況を手短に説明したあと、百聞は一見にしかずと七年生の教室に案内した。見て驚いた。淡い黄色の壁がエ

アガンで穴だらけになっていたのである。そのほかはとくにひどい状態ではなかったが、全体的に雑然としていて、そのことがかえって、クラスの荒れ具合を感じさせた。シュタイナー教育には学級崩壊なんてないと思っていた分、なんだか意外な感じもした。かえって新鮮でもあった。けっしてよい子の学校ではないのだ。

シュタイナー学校では、五年生から六年生にかけて、子どもたちが大きな変節を迎えるように感じている。ちょうど小等部から中等部に変わる時期にあたる。このとき、それまで軟らかな蜜蠟クレヨンで絵を描いていたものが、硬い色鉛筆に変わる。蜜蠟クレヨンをまったく使わなくなるわけではないが、普段エポックのノートに描くのは色鉛筆になる。それと合わせるかのように、子どもたちの感覚も〝柔らかなもの〟から、〝堅いもの〟へと変わっていく。生徒が求めるものが変わってくるのだ。

こうしたなかで、一年生から受け持っていた担任の先生に対して、生徒は疑いの目を向けはじめる。それまでは先生の言うとおりにやってきたが、先生の言うことと自分のやりたいことはちがうと考えはじめるのである。オイリュトミーなどシュタイナー学校独自の教え方に反発し、「こんなこと、もうやっていられない」と思う生徒が出てくる。先生に教えるのが得意な科目と、そうではない科目があることに気づくのもこのころだ。

高学年の生徒はたとえ内容はむずかしくとも、楽しく、おもしろい授業を望む傾向がある。このため先生が教えるのが不得意な科目では生徒は途端に退屈してしまう。先生がなんとかしようとあがけばあがくほど、生徒はますます教師に対する不信感を募らせる。こうした反発は生徒が大人へのステップを歩みはじめたからこそ生まれるものなのだろう。問題の七年生は担任の先生が学校をやめることで、一応の決着を見た。在学中、同じ先生が担任として持ち上がっていくシュタイナー学校の先生でも、やさしくソフトな低学年向きの先生と、厳しくも学びがいのある高学年向きの先生に大きく分かれるのかもしれない。

❖こんな授業、つまらない

ヤナ先生は厳しく、熱心で、教え方もうまい。高い理想を持ちながら、現実的な感覚も持ち合わせている。病気になったマグダレーナ先生に替わって五年生からツドイのクラスの担任になっても、大きな問題にはならなかった。生徒からの反発もとくになかった。五年生から六年生にかけて迎える変節をうまく乗り切ったかに見えた。

七年生になって、ツドイはどこか投げやりで、ふてくされた態度をとるようになった。クラスの雰囲気もツドイと同じように急に変わり、どこかとげとげしくなった。子どもから大人へと成長する心の不安定な時期ではあったが、原因はそれだけでもなさそうだった。ハナ校長先生がやめて学校の雰囲気が様変わりしていくなかで、子どもたちの心も揺らぎ、不安定になっているようだった。たった月に一回、父母会のために学校に行くだけで学校の様子が変わったと感じるくらいなのだから、子どもたちがより敏感に反応するのも無理はないだろう。

クラスも荒れ出した。七年生になって身体が大きく成長し、先生やほかの学年に対しても強く出られるようになったから、とツドイは言う。チェコでは日本のような学校内での先輩後輩の関係はあまりないが、身体が大きい小さいという意識はあるらしい。口うるさいヤナ先生の授業のときにはおとなしく授業を受けていても、ほかの先生が受け持つ授業ではボイタやロマン、トマーシュらが、これまでにもまして、ふざけるようになった。「こんな授業、つまらない」と先生に面と向かって言うことも多々あったようだ。

毎月の父母会のたびに、ヤナ先生はクラスの実情を訴え、解決策を求めた。しかし、親の反応はなぜか冷ややかだった。思春期の子どもを抱え、親もどうしてよいのかわからず、お手上げのようなのである。六年生のときまでは父母会の雰囲気も明るく、朗らかで、和気藹々と意見交換をしていたのが嘘のように、いつも重苦しい雰囲気に包まれた。以前はほとんどの保護者が出席していたが、いつしか半分出れば多いほうになった。三人しか出席せず、中止になったこともある。出席するのは決まって生徒になんらかの問題がある親だった。外国人の親であるぼくもその一人として、毎回、顔を出してきた。

ヤナ先生の苦悩は日に日に深まっていくように感じた。指導力に問題があるのだろうか、自問しているようでもあった。いつしかヤナ先生と生徒の心は、すっかり離れていた。先生は時間があれば勉強をするように仕向けた。子どもたちはこれまでクラスをリードしてきたボイタやロマンに代わり、大柄で腕力に勝ることからガキ大将になったミハルを中心に、たまには遠足に行ったり、サッカーをして遊びたいと不満をためていった。課外授業でどこかに出かけることが少なくなり、遠足にも行かなかった。「みんなの行儀が悪いので、連れて行くのが恥ずかしい」とヤナ先生は生徒に嘆いて見せた。七年生からは自然学校で海外に行くようになる。それはあこがれていた高学年になった証しであり、みんな楽しみにしているはずだった。「英語の勉強のため、イギリスに行くのはどうか」とヤナ先生が提案したこともあった。先生がなんでもこうして勉強に結びついていくことに反発したのか、結局、行き先が決まらないまま、自然学校も中止になってしまった。

七年生といえば、一つ上のクラスが学級崩壊した学年である。その点、ヤナ先生はこれまでもうまくクラスをまとめてきたので、心配はないだろうと思っていた。たぶんどの親もそうだったにちがいない。ヤナ先生は生徒の態度を改めさせようと、宿題を忘れたり、遅刻するなど、ほんのちょっとしたことでも口やかましく叱るようになった。八年生に進むと、事態はいっそう悪くなった。あまりにひどいたるどころか、悪くなる一方だった。宿題を忘れた回数も細かくチェックした。関係はよくなめ、音楽や体育の先生が「もう授業をしない」と言いはじめたほどである。六年生のころまでは小さな鈴の音をならすだけで教室が静かになり、授業に集中していたのがうそのようだ。体育館でスポーツをしてもふざけるだけだからと、体育の先生はなぜか教室で数学を教えはじめた。音楽の先生はこのままでは学校をやめると、生徒の前でヒステリックに怒鳴った。

そんな様子を知ってか知らぬか、ヤナ先生は体育や音楽の授業中、ちゃんとやっているのか、何度も生徒に尋ねたという。先生同士で話し合いを持てばよさそうなものだが、「先生がほかの先生に口を挟むことはできません。だからみんなに聞いているのです」とヤナ先生は生徒に頼んだ。授業中の生徒の様子も、先生がなにをどのように教えているかも、担当の先生に聞くことはできない。チェコの人たちは自分の仕事に他人が口を挟んだり、手を出したりすることを、とても嫌がるのだ。先生の問いかけに、生徒は声をそろえて「うん」と返事をした。ちゃんとやっている子も、ふざけている子も、そうだった。なにかあると怒られるのはいつも決まってミハルだった。授業中はまじめに取り組んでいるミハルだが、休み時間はだれよりもふざけていた。それで目をつけられていたのである。そして、ついに音楽の先生が本当に学校をやめてしまった。「もしもう一人だれか先生がやめることになったらクラスを解散させます」とヤナ先生はきっぱりと言った。

❖新しい校長先生からの呼び出し

ある日のこと、学校から一通の書留郵便が届いた。チェコで書留郵便が届くのは、よくない便りであることが少なくない。役所からの出頭命令など、プラハでの生活をはじめて以来、何度となく受け取ってきた。そのたびにドキリとさせられ、頭を抱えることもある。それでも学校から書留郵便を受け取ったことはこれまでなかった。入学のときでさえ、こうしたかしこまった手紙を受け取ることはなかったのである。手紙の送り主は新しく校長になったパヴェル先生だった。何度か学校で見かけたことはあったが、話をしたことはない。名前を知ったのもそのときがはじめてだった。「クラスを解散させる」とヤナ先生が息巻いていると聞いていたので、退学勧告でも届いたのかと思った。手紙は校長先生との三者面談を行なうとの通知だった。そんなことならいつものように連絡ノートで知らせればよさそうなものだった。しかし、担任のヤナ先生はいっさい関知しない、特別な面談になるのだという。学校にこのままいるか、それとも転校するか、迫られることになるかもしれないとの噂もあった。

約束の時間に行くと、ちょうどボイタの両親が面談をしている最中だった。ボイタ本人に対する面談はすでに終わっていて、ツドイと二人で四年生の教室で遊びはじめた。転校してきたとき、最初に学んだ懐かしい教室である。ボイタはローリング・ストーンズのブライアン・ジョーンズみたいな突飛な髪型をして、はにかんでばかりいた。ボイタは授業中ふざけている張本人の一人だけに、話し合いは予定より長引いていた。ようやくボイタの父親ペトルが校長室から出てきた。父母会でいつも軽いジョークを飛ばしているが、このときばかりは別人のように緊張した面持ちだった。たいへんな話し合いだったかと聞くと、「そうでもなかった」とぶっきらぼうに答えた。母親のレンカとは離婚して間もなかったが、面談には二人が同席していた。チェコでは離婚率がずいぶん高く、クラスメイトにも両親が離婚した子が少なくない。ツドイの親友ミリアンも両親が離婚してしまった。それでも当たり前のように両親そろって父母会に出席している。離婚したといっても縁が切れるわけではなく、子どもに対する責任はきちんと果たそうとしている。親が離婚して家族がバラバラになった子どもの気持ちはずいぶん複雑なはずだが、「自然なこと」とクールに割り切っている子が意外に多い。

パヴェル校長先生に手招かれ、まずツドイが校長室の中に入った。三者面談とはいっても、親と子は別々に面談するのである。いったいなにを話しているのだろう。気が気ではなかった。学校をやめることになったときのことも考えていた。そのころちょうど引っ越した家の目と鼻の先に中学校があるので、そこに転校することになるのだろうか。その学校の課外活動に何度か参加し、折り紙教室をやったり、お寿司など日本食の試食会を開いたこともあり、それはそれでいいかもしれないと思った。シュタイナー教育だからよいとか、普通の学校はだめだとか、そんなふうには相変わらずまったく考えていなかった。

少し興奮気味の様子で出てきたツドイと入れ替わるように、ぼくと妻、それにヒラクが校長室に入った。英語のマレク先生も通訳のために来てくれた。ちょうど入学を認めてもらえるかどうか、ハナ校長先生と話し合いにきたときと同じような顔ぶれになった。久しぶりに入った校長室の様子はすっかり変わっていた。天使の絵が飾ってあったところには、シュタイナー学校の創設者であるルドルフ・シュタイナーの肖像写真が額に入れられていた。パヴェル校長先生は、まずなぜ日本を離れ、プラハのシュタイナー学校で子どもを学ばせることにしたのかと聞いてきた。これまで多くの人に尋ねられた質問だった。経緯を手短に説明したあと、シュタイナー学校で学ぶようになってからのツドイの変化を話した。言葉の問題はなくなり、勉強も自発的にするようになるなど、「この学校で学ばせてよかったと思っている」と言った。来年に控えた高校進学の話も出た。シュタイナー学校の高等部を考えていると言うと満足そうにうなずいた。いったいなにごとだろうと思った話し合いだったが、ふたを開けてみればこうして当たり障りもなく終わった。

校長室の外に出ると、ドラッグ中毒で問題になった母親が子どもと二人で待っていた。一時はどうなるかと思った彼女はいつしかすっかり立ち直っていた。デザイナーとして成功をつかみつつあり、見違えるようにしゃきっとしていた。

パヴェル校長先生はツドイにはクラスがなぜ悪いのか、だれが原因なのか、どうしたらよくなると思うか、と聞いてきたという。こうしたやりとりをクラスメイト全員に行なったわけである。面談というよりも犯人捜しをする尋問のようで、なにもそこまでやらなくてもいいのではないかと感じた。面談の結果は蚊帳の外におかれたヤナ先生には知らされることはなかった。しかし、クリスマス休みがはじまる前、それが突然、表面化した。ミハルが学校をやめることになったのである。面談のとき、シュタイナー学校の音楽教師でもあったミハルの母親が、「ミハルを転校させる」と校長先生に切り出したのだそうだ。「シュタイナー教育が合わない」というのが理由だった。勉強がよくできることもあって、ギムナジウムに転校するという。ヤナ先生がミハルをやめさせたとの噂が学校中に広まったが、それは事実ではなかった。

みんなでお菓子や食べ物を持ち寄るクリスマスパーティーは、ミハルのお別れ会になってしまった。いつもは親が招かれるのだが、それもなかった。ミハルがいなくなってしまうと、クラスメイトみんなが泣いた。慕っていた低学年の子どもが目を真っ赤に腫らして教室を訪ねてきた。先生も大泣きした。七年生にはじまったクラスの問題は、痛みをともない、こうしてひとつの決着を見ることになった。ヒラクのクラスに比べると、ツドイのクラスはいつまでも子どもっぽかった。それはビエラ先生が授業中はあくまで教師として接し、授業が終われば一緒になって遊ぶ友だちに変わったのに対して、ヤナ先生はいつも母親のように生徒を包み込んできたからだったのかもしれない。先生に対する反抗も、まるで親に対する反抗のようだった。

❖変わりはじめた学校

「学校の校舎が使えなくなるので、新しい校舎を探しているみたいだよ」

ツドイはそんな奇妙な話を何度となくした。ヤナ先生が学校で子どもたちに話しているようだが、話の筋がよく見えない。校舎はすでにあるし、その校舎を改築する計画もある。シュタイナー学校にふさわしい校舎に改築するといっても、あくまで「こんなふうになればいい」という夢物語だと思っていた。「新しい学校計画」というタイトルの案内がときどきメールで届いた。説明会も何度か開かれていた。とはいえ、校舎の改装計画のことだと思い、案内にもちゃんと目を通していなかった。しかし、説明会に行った人の話を聞いて驚いた。寝耳に水というべき、まったく新しい、壮大な計画が進んでいたのである。

それはプラハのシュタイナー学校を、ドイツにあるシュタイナー学校を模範にして生まれ変わらせる、というものだった。現在は小等部と中等部は近くにはあるが別々の校舎である。高等部はまったく別の場所にあり、入学するには試験を受ける必要がある。しかし、この計画では幼稚園から高等部までの一貫制とし、同じ敷地内に校舎を建てることになる。計画実現のために学校組織を大幅に変更し、現在のような公立校ではなく、私立の学校にするのだという。それが「新しい学校」の見取り図だった。単なる改築ではない、抜本的な改革だったのだ。

校長にパヴェル先生が就き、学校の雰囲気はたしかにがらりと変わった。それでも同じ学校ということもあって、なにが変わったのか、最初のうちはよくわからないでいた。しかし、こうした計画がいざ打ち出されると、学校がどのような方向に動いているのか、はっきりしてきた。校長先生が替わって、まだ一年ほどしか経っていない。あまりに速い変化に驚かされるばかりだが、これもハナ校長先生やビエラ先生が学校を去った一連の動きなのだとすれば合点もいく。

私立学校にすることで、資金面でいつも悲鳴を上げている学校の運営は楽になるだろう。チェコの平均給料よりも低い先生の給料も上がるかもしれない。シュタイナー教育の理念を具現化した校舎になるかもしれない。幼稚園から高等部までの一貫制とすることで、成長に合わせた教育のありようを基本とするシュタイナー教育の考えを、より明確に実践できるだろう。

しかし、一九九二年にこのプラハのシュタイナー学校が開校したとき、〝だれもが学べるシュタイナー学校〟をめざして公立校にした。その自由で、高い志がいずこへともなく消えてしまうことになる。そこにこそプラハのシュタイナー学校らしさはあったはずだった。もし私立学校に変わり、毎月学費がかかるようになれば、現在通っている生徒のほとんどは学校をやめ、ほかの公立校に転校せざるをえなくなるだろう。生徒はがらりと入れ替わり、学校の性格はこれまでとはまったくちがうものになるはずだ。自然学校の費用を工面できない家庭もあるくらいである。学校側からは「毎月いくらなら学費が払えるか」というアンケートも採られていた。シュタイナー学校であるためには、それも仕方がないのだろうか。揺れ動く学校をさっさと転校してしまおうと考える生徒も出てきた。

❖理想と現実の狭間で揺れる

ヒラクとツドイが学校に通いはじめた最初の年、シュタイナー学校としては珍しい通知表を持ち帰った。先生たちの言葉で綴られた寸評の通知表に、普通の学校のような数字で評価された通知表が添えられていたのである。それはチェコの文部科学省にあたる政府機関からの指導があったため、とハナ校長先生は説明していた。ギムナジウムへの進学率を考慮するようになったのもその一環だった。〝バカの学校〟〝落ちこぼれの学校〟と噂されるなか、いったいどのような教育が行なわれているのか、目をつけられていたのだろう。

数字による通知表が配られたのはこのときだけだったが、プラハのシュタイナー学校が公立校である以上、こうした指導がついて回るのは仕方のないことかもしれない。ハナ校長先生やビエラ先生が現実を踏まえたシュタイナー教育をめざしたのは、こうした背景があってのことだった。もっともチェコでは通知表は数値で評価しなければならないという決まりがあるわけではなく、実は一般校でもシュタイナー学校のように寸評だけの通知表にすることもできるのだそうだ。どのようにするかは校長先生の判断次第というわけである。

公立のシュタイナー学校ということもあってか、ドイツやスイスにあるシュタイナー教育の関係者がときどき視察に訪れる。外国から来た人がエポックの授業を参観しに来て、先生が少し緊張していた、とヒラクもツドイも何度か言っていた。視察に訪れた人のなかには、「これはシュタイナー教育ではない」と苦言を呈する人もいたようだ。ヒラクのクラスがオイリュトミーをやらないことなども、当然、問題視されるだろう。こうした外部からの批判に答えるかのように、パヴェル校長先生のもと、「新しい学校計画」が浮かび上がってきた。公立校ではいくら自由な学校だからといっても国の方針に左右されかねない。進学率もしっかり見据える必要がある。シュタイナー学校らしさをより発揮するには、私立にするしかないというわけだ。

ハナ校長先生もパヴェル校長先生も、なにも自分の考えやエゴを押し通そうとしてきたわけではない。二人ともプラハのシュタイナー学校を守るため、いちばんよいと思われる対応をしてきただけである。どちらが正しく、どちらが間違っているというわけでもない。こうしてみると、この学校がなんともろく、不安定な学校であるかのように思えてくる。ことあるごとに揺れ動き、そのたびに先生がやめ、生徒や親に少なからぬ動揺が走る。それはこの学校が創立してまだ二〇年あまりしか経っていないこともあるのだろう。チェコ共和国という国がまだ〝若い〟ように、この学校もまだ〝若い〟のである。

どうしてこのようなことが繰り返されるのかといえば、シュタイナー学校やシュタイナー教育はこうあらねばならないという絶対的な決まりがあるわけではないからだろう。そもそもシュタイナー教育ははじまって以来、硬直しないよう、絶えずフレキシブルであろうとしてきた。問題があればその都度、教師と親が一緒になって考え、対処する。しかし、教師にも親にも相反する考えを持った人がいて、互いに相容れず、ときには対立さえ生み出す。たとえばナジャ先生やマグダレーナ先生のように、シュタイナー教育の理念を追求し、実践しようとする考え方がある。一方、たとえばハナ校長先生やビエラ先生のように、現在の学校教育が抱える問題や矛盾を克服する可能性を、シュタイナー教育に求めようとしている人たちがいる。たしかに両者は互いに対立しているように見えるが、しかし「鶏が先か、卵が先か」と言い合っているようにも聞こえる。もしかするとそんな理想と現実の狭間にあるせめぎ合いに、人びとが追い求め、つかみ取ろうとしているシュタイナー教育の正体はあるのかもしれない。

❖来たる日の学校

シュタイナー教育のはじまりは、一九一九年にさかのぼる。ルドルフ・シュタイナーというドイツの思想家が新しい時代に向けた、自由な学校づくりをめざしたのである。ヨーロッパ中を巻き込んだ第一次世界大戦が終結した翌年のことで、世界が大きく動き出した年だ。今日のチェコの前身にあたるチェコスロヴァキア共和国がオーストリア帝国から念願の独立を果たした翌年のことと言い換えてもいいだろう。

この学校はドイツのシュトゥットガルトにあるヴァルドルフ・アストリア・タバコ会社の工場に付属する学校だった。タバコ会社の社長エミール・モルトが従業員の師弟のために学校を設立するにあたり、白羽の矢を立てたのがシュタイナーだった。子どもの成長に合わせた教育を通じて自発性を養い、知能だけではなく、情動にも重きをおくべきだとするその考えに共鳴したからである。しかし、当時、シュタイナーの考えは教育界からは黙殺され、一般に認知されていたわけではなかった。

学校は会社の名前から「自由ヴァルドルフ学校」と名づけられた。もともとレストランだった建物が校舎で、当時では珍しい男女共学とした。教科書を使わない授業やエポックによる集中授業、編み物やオイリュトミーなど、今日のシュタイナー教育の原型はこのときすでにおおよそできあがっていた。学校運営にかかる費用は会社のほか、モルト社長が個人的に負担したため、授業料は無料。校長先生はおかずに、自主管理を基本とするのも特色である。もっとも順風満帆だったわけではなく、学校の運営をめぐっては、シュタイナーと教職員のあいだで何度も話し合いがもたれたようだ。カリキュラムにもたびたび手が加えられている。

プラハのシュタイナー学校もこのシュトゥットガルトの学校と同じく、「ヴァルドルフ学校」というのが本当の名称である。日本では思想家の名前にちなみ、シュタイナー学校と呼ばれているが、シュタイナー学校といってもチェコではまず通じない。学校の名前をどうするか検討した際、シュタイナー自身も自分の名前を学校に冠することには反対している。なにか未来を暗示する名前がふさわしいと考えていたようで、そのひとつが「来たる日の学校」だった。この学校はシュタイナーの思想を教えるためにつくられたわけではない。プラハのシュタイナー学校では、実際、シュタイナーの思想を授業で教えることはなく、また宗教の授業もない。高学年になるとシュタイナーの名前を知っている人もなかにいるようだが、ヒラクとツドイに聞いても「知らない」と言うばかりである。

プラハのシュタイナー学校は一九八九年のビロード革命によって共産体制が崩壊したのち、九二年に開校した。共産体制下ではシュタイナー学校は一校もチェコにはなく、文字どおり、ゼロからの出発となった。当時のチェコは革命の興奮がまだ醒めやらない時代だった。長らく自由を奪っていた共産体制から解放された人びとはさまざまな可能性を信じ、夢を語り合い、自らの手で新しい社会を切り開こうとしていた。こうしたなかで、教師も親も一緒になって「来たる日の学校」をめざしてきた。ヒラクのクラスメイト、クリシュトフの母親もその一人だった。ちょうどシュタイナー学校が第一次世界大戦の翌年にはじまったのと符合するような背景が、この学校の創設にはあったのである。

❖シュタイナー学校らしさとは

「シュタイナー学校ってどんなところ?」と、ときどき人から尋ねられる。ぼくらの子どもがシュタイナー学校に通っていることから興味を持ちはじめ、シュタイナー教育についての勉強会に参加するようになった人もいる。そのたびに教科書を使わず、エポックという集中授業を取り入れていることなど、シュタイナー教育の主だった特長を説明してきた。たしかに子どもたちをシュタイナー学校に通わせようか迷っているころや、実際に子どもたちが通うようになって間もないころは、こうした普通の学校とのちがいに目がいった。それがシュタイナー教育だと思っていたからである。

しかし、学校に通って三年、四年と年月を積み重ね、シュタイナー学校で子どもたちが勉強することが当たり前になっていくにしたがい、「ちがう」と思っていたものが「実はそうちがうわけではないのではないか」と感じるようになってきた。これらはシュタイナー教育の特長ではあってもその本質なのかといえば、そうではないだろう。エポックの授業をするからシュタイナー教育であるわけではない。教科書を使わないからシュタイナー教育であるわけでもないのだ。

ヒラクのクラスは、六年生のときまではナジャ先生が担任だった。シュタイナー教育やシュタイナーの思想について、校内でいちばんよく知っているのは自分だと自負しているように感じさせる先生である。たしかにナジャ先生の授業は「だれよりもシュタイナー学校らしいものだった」と、実際習ったことのあるクラスメイトは声をそろえる。低学年のときは子どもたちも先生の言うことはなんでもよく聞き、先生は思いどおりに授業を展開していった。蜜蠟クレヨンで描いた絵が教室に飾られ、オイリュトミーにもみんな熱心に取り組んだ。魔法にでもかけられているかのように、教室は夢見心地の雰囲気に包まれていた。しかし、高学年になって、その夢から覚めるときがふいに訪れる。

「科目によっては授業の内容が支離滅裂で、なにを学んでいるか、よくわからないことがありました。先生は頭ではシュタイナー教育の考え方を理解しているのかもしれません。しかし、それをうまく授業に活かすことができていないようなのです」とヤーヒムは言う。支離滅裂とは穏やかではないが、ただでさえ抽象的で観念的なシュタイナーの考えを取り入れようとすればするほど、それを実際の授業に反映させるのはむずかしくなるだろう。まして子どもたちは生身の人間であり、先生の言うことに従順なよい子ばかりではない。

こうして六年生のとき、担任がビエラ先生に替わった。先生はシュタイナー教育の考え方をうまく自分のものとし、それをもとにいまの時代に必要なシュタイナー教育のありようを模索した。「オイリュトミーなんてばかばかしい」と授業をやらず、蜜蠟クレヨンを使うことも、フォルメンを描くこともやめた。「ナジャ先生のときにさんざんやった」と、親や生徒の要望でもあった。その意味ではビエラ先生の授業は、シュタイナー教育らしいシュタイナー教育とはいえなかったのかもしれない。しかし、教え子たちはみな、「見せかけだけのシュタイナー教育より、よほどシュタイナー教育らしかったのではないか」とビエラ先生を擁護する。

日本の学校で学んだあと、シュタイナー学校に転校したヒラクとツドイだったが、意外なほどスムーズにシュタイナー教育を受け入れていった。カリキュラムのちがいから、一般校からの転入はむずかしいと聞いていただけに、拍子抜けするくらいだった。二人とも、勉強の方法こそ少しちがうが、日本の学校と全然変わらない、と感じている。「勉強することはシュタイナー学校も日本の学校も同じだよ。先生によっておもしろい授業もあるし、つまらない授業もある」とヒラクは言う。子どもたちが受けているシュタイナー教育とはいったいなんなのだろうと考えるたびに、バーゼルのゲーテアヌムで聞いた「教師はあくまで職業」という言葉が頭の中に繰り返し浮かんでくる。シュタイナーの考えた教育論とは、結局、教師という職業の心髄なのではないだろうか。だからこそ、ヒラクもツドイも、「日本の学校もシュタイナー学校もまったく変わらない」と看破したのだろう。

ハンドワークの授業で、ツドイの担任ヤナ先生とガキ大将のボイタ

❖なぜシュタイナー学校の教師になったのか

ヤナ先生の熱心な教えぶりを見ていると、もともと勤めていた一般校の教師であることに限界を感じ、新たな可能性を求め、シュタイナー学校の教師になったのではないかと想像していた。大学では医学を学んだと聞いていたので、途中で医師になることよりも、教師の道を選んだのだと思っていた。しかし、事実はまったくちがっていた。そんな単純な話ではなかったのだった。

ヤナ先生は高校を卒業後、大学の医学部に進んだ。勉強がそれだけよくできたのだろう。しかし、二年生のときに妊娠をして結婚。大学は中退することになる。妊娠八カ月で早産し、双子の女の子に恵まれるものの、出産に際して心拍停止状態になってしまう。このため子どものうちの一人は三日で死亡し、一人には重度の身体障害が残ることになった。そんななか、結婚生活はわずか一年で破綻する。

途方に暮れるヤナ先生は一人で障害のある娘の世話をしながら、二年後に現在の夫と出会う。そして、ヒラクのクラスメイトとなる双子の兄弟トマーシュとマルティンを身ごもる。共産体制が崩壊して時代が大きく変わるなか、障害者を取り巻く環境も様変わりした。個人でなんとかしなくてはならなくなったのである。さんざん悩んだ末、自宅を障害のある子どもに開放し、娘と一緒に面倒を見ることにした。チェコでは福祉がまだ大きく立ち遅れていて、いまでも目の不自由な人などがプラハの街角にたたずみ、物乞いをしている姿をよく見かける。

こうした日々を過ごしているなかで、子どもをシュタイナー学校に通わせている人と出会った。それまでシュタイナー教育とはなにかまったく知らなかったが、エポックのノートを見せてもらい、これはいったいなんなのだろうと強い関心を持つようになった。それがきっかけとなり、トマーシュとマルティンをシュタイナー学校に入学させることになる。二年生のときには自然学校に保護者として付き添った。

「自然学校で毎日、子どもたちの様子を目の当たりにして、シュタイナー学校の教え方にこれまでにもまして深い共感を覚えました。それでこの学校で教えたいと思うようになったのです。シュタイナー学校の教師になったのは、私の場合、本当に偶然でした。運命といってもいいのかもしれません」とヤナ先生は言う。

チェコでシュタイナー学校の教師になるには、普通まず大学の教育学部を卒業して教員免許を取得したうえで、シュタイナー教育教員養成所で学ぶ必要がある。ドイツやスイスにある養成所で学ぶ人もいる。ただし、音楽や美術などの科目は教員免許がなくとも、養成所の授業を受けさえすれば、その国にあるシュタイナー学校に限り、教師になることができる。ヤナ先生は教員免許を持っていなかったため、チェコにある養成所でセミナーを受講し、教壇に立つようになった。このセミナーを通じ、ルドルフ・シュタイナーの人智学（アントロポゾフィー）の思想にはじめて触れ、ヤナ先生自身の人生に対する考え方と重なる部分が多いことも知ったという。

ヤナ先生の教え方を見ていると、たしかに教師というよりも母親としてのまなざしを強く感じていた。教室にいる子どもたち全員を包み込むように、わが子同然に接している。最初から先生になろうとしていたわけではなく、母親の立場としてシュタイナー教育に触れたことが契機となり、教師になった経緯がすべてを物語っているだろう。オイリュトミーの先生の指導力が父母会で問われたとき、「彼女にいま必要なのは自分で子どもを育てる経験です。なにが問題なのか、母親になってはじめてわかることでしょう」とヤナ先生が言っていたことを思い出す。ヤナ先生はぼくとほぼ同世代。幸せで満ち足りた生活を送ってきたとばかり思っていたヤナ先生だが、実は人一倍、子どもを育てることに苦労を重ねてきた。それだけに、先生の言う「子どもを育てる経験」という言葉に重みを感じてしまうのである。

❖子どもを育てる愛情と熱意

授業をするヤナ先生の姿は、オーケストラの指揮者を思わせる。生徒をときに緊張させ、ときに和ませ、ときにテンポを速めたり緩めたりしながら、緩急つけて授業を進めていく。やさしく語りかけることもあるし、声を荒げることもある。エポックは二時間も続き、子どもにはかなり長い授業となる。そのため、こうして生徒の集中力を保たせようとするわけだ。

教科書を使わない代わりに、先生の持つ知識を口伝えで授けていく。生徒一人ひとりがその言葉とイメージを紡いでノートをつくり、それが教科書となる。〝秘伝の書〟というと大げさだろうが、そこには先生のたしかな知恵が詰まっている。教科書の上っ面をなぞるだけではない、地に足のついた知識であり、知恵だ。教えることを本当に理解していないと、こうしたスタイルの授業はまずできないだろう。生徒もきちんと理解していなければ、きれいなエポックのノートをつくることはできない。

教える内容はごく基本的なことからはじまり、小中学生を相手にしているとは思えないむずかしい内容まで、縦横無尽に広がっていく。大きなイメージとして生徒に伝わったものは、いつしかその血肉となり、本当の知恵となる。未知のことに出会っても、それがなんであるかを想像し、考え、理解する能力が育まれる。一種のイメージトレーニングといってもいいのかもしれない。学校以外の勉強をほとんどなにもしていないにもかかわらず、ヒラクのクラスメイトが高校への入学試験で優秀な成績を収めた一因を、そこに求めることもできるだろう。応用力があるのだ。

しかし、シュタイナー学校の教え方は、先生に求められるものがおのずと大きくなり、レベルも高くなる。教科書を使わないため、内容も質も先生次第だ。普通の学校にもまして事前に授業の準備をしっかり行ない、授業の設計をすることが求められている。なにをどのように、どこまで教えるのか、すべては先生の考えひとつである。うまくいけばイメージが流れるように子どもたちの頭の中を駆け抜けていくことだろう。しかし、もし中途半端な付け焼き刃の知識で授業に臨んだら、授業の内容は支離滅裂なものになりかねない。そんなときも先生は教科書に救いを求めることはできないのだ。その意味で、なかなか一筋縄にはいかない、むずかしい授業なのである。

こうした困難に立ち向かう原動力は、教師という職業に対する高い意識と、親が子どもを育てるような熱意や信念にある。生徒の成長や一人ひとりの個性を見据えながら、その子どもがどのように育っていくべきか、親同様に考えている。集中力が要求される授業が終われば、一緒になって思い切り遊ぶ。生徒はそんな先生を尊敬し、見習おうとする。こうした先生の姿勢にこそ、シュタイナー教育の本質はある、と感じている。学校は勉強をする場であるとともに、子どもたちが人格と人間性を形成していく場でもある。シュタイナー学校で年齢に応じた教育をすべきとするのはそのためなのだ。

とはいえ、それがシュタイナー教育ならではのものかといえば、実はそういうわけではないだろう。よい先生というのは、シュタイナー学校も、普通の学校も変わりがあるわけではない。ヒラクは日本の小学校で担任だった一人の先生のことを、ビエラ先生と同じように「あの先生の授業はすばらしかった」とことあるごとに思い出している。ただ惜しむらくは日本の学校では、せっかくよい先生と出会えても一年で替わってしまうことがほとんど。シュタイナー学校のように何年もかけてじっくりかかわることができず、次の先生も〝アタリ〟であることを祈るばかりなのである。

❖ギムナジウムに進学して

シュタイナー学校を卒業したヒラクは、プラハの繁華街ヴァーツラフ広場にほど近いギムナジウムに通いはじめた。一時限目の始業時間は朝七時五〇分。一時限あたりの授業時間は四五分で、週二、三日は九時限までである。授業が終わるのは四時すぎになるが、一日びっちり授業が詰まっていて、昼食をとる時間がない日もある。そんな日は短い休み時間にパンをかじりながら、次の授業に備えるしかない。一学年は三クラスあり、四年生まである。一クラスの生徒数は三〇人前後だが、女子生徒が圧倒的に多く、ヒラクのクラスには男子が六人しかいない。そのうちの三人はチェコ人で、二人はベトナム人。社会主義の時代、同じ社会主義国だったベトナムからは多くの人が労働力としてチェコに送られてきた。その縁で、いまもチェコには多くのベトナム人が暮らしている。

ギムナジウムに通うようになって、ヒラクはふたたび教科書を使いはじめた。各科目合わせて二〇冊あまりにもなり、シュタイナー学校の授業に慣れた目からすると、「なぜ教科書なんて必要なのだろう」と、それはそれで不思議な印象も受ける。日本の教科書のように丁寧な編集はされてはおらず、問題集のような体裁のものが多い。教科書は各自が書店で購入する。合わせて三〇〇〇コルナあまりと、けっして安くはない。このため新学年がはじまると学校でバザーが開かれ、先輩たちがそれまで使っていた教科書を販売する機会がある。こうして教科書を使い回していくわけだが、さんざん使い古した教科書を、新しく買うのとたいして変わらない値づけにする人もいる。

ギムナジウムの授業は、ゆっくりしていたシュタイナー学校とは正反対に、追い立てられるように勉強をしなくてはならない。科目によっては毎週テストがあり、その点数を生徒手帳に書き込んでいく。前期と後期の二回開かれる父母会では、親にもその点数が知らされる。通知表の評価に「5」(チェコでは1がいちばんよい成績)があると、夏休み中、追試を受け、もしその追試の成績が一科目でも悪かったら落第が決まる。すべては成績のためにあるわけだ。

授業のレベルはかなり高い。とはいっても、むずかしいことを学ぶというよりも、実際的な内容を学ぶ傾向がある。この点はプラハのシュタイナー学校に通じるものがある。アプローチがちがうだけだ。たとえば英語の授業では、「日本の首相がなぜ辞任したのか」を説明するよう、イレナ先生はヒラクに求めた。もちろん英語でスピーチする必要がある。しかし、英語の能力もさることながら、そもそも首相が辞任した理由がよくわからない。そのことにヒラクは衝撃を受けたようだった。自宅に帰ってから、インターネットで日本の新聞記事にあらためて目を通したが、それでも人に説明できるまでは理解がいたらない。もっとも大人でも簡単に説明できる問題ではなく、悩むことはないと慰めるしかなかった。

英語のイレナ先生はヒラクのクラス担任でもあり、在学中は先生が担任を持ち上がっていく。一人の先生が長いあいだ、担任を受け持つのはシュタイナー学校ならではの特色かと思ったが、必ずしもそうではないようだ。生活面では、一二回遅刻すると退学処分になるなど、厳しいものがある。かといってがんじがらめなわけではなく、四年生になり、一八歳になったら、ランチのときにビールを飲んでもとやかく言われることはない。ギムナジウムでの勉強ぶりを見ていると、その充実ぶりには本当に目を見張るものがある。あまりに手応えがありすぎるのか、入学してしばらくのあいだ、ヒラクは毎日、妙にニタニタしていた。あっけにとられ、笑うしかなかったようなのだ。そんな姿を見て、ぼくも妻も、退屈だった高校のときの日々を思い出し、ちょっぴりうらやましく思ったりもするのである。

❖シュタイナー学校への出戻り

ギムナジウムは日本の予備校によく似ている。実際、ギムナジウムを日本語にするとしたら単なる「高校」ではなく、「大学進学準備校」としたほうがより正確だろう。生徒一人ひとりがよい成績を効率よくとることに腐心し、クラスメイトは友だちというよりもライバルである。成績が悪ければ落第し、また全員が全員、卒業できるわけでもない。おのずと競争心が芽生えてくる。シュタイナー学校のときのように、先生とどこかに遊びに行くようなこともない。

そんな教室の雰囲気を、父母会のときにひしひしと感じる。シュタイナー学校の父母会ではクラスメイト一人ひとりの問題を全体の問題として共有し、なんとか解決しようとした。しかし、ギムナジウムの父母会はいつも静まりかえり、まるで受験する子どもを待つ父母待合室のようにピリピリと張り詰めた空気が漂っている。挨拶さえろくに交わさない。問題はわが子だけであり、それ以外はどうでもいいとでも言いたげなほどの無関心ぶりである。あまりのちがいに驚かされたが、どうもそれがチェコの学校では普通で、シュタイナー学校が特別だとも聞く。

シュタイナー学校からギムナジウムに進んだクラスメイトはみな、多かれ少なかれ、シュタイナー学校とのちがいに戸惑いを覚え、悩んでいた。成績至上主義の授業の進め方は、シュタイナー学校とは正反対の性格のものである。それにもましてみなが苦労しているのは、人との接し方のようだ。シュタイナー学校には毎日楽しそうに通っていたヒラクも、すっかり心の余裕を失っていた。成績が悪いと落第になるかもしれないからと夜遅くまで勉強し、かといって朝寝坊をして遅刻を重ねれば退学になる。ちょっとしたことがプレッシャーになっているようだった。クラスメイトとうまくコミュニケーションが図れないと嘆いたこともある。しかし、ギムナジウムではだれもそんなことを望んではいないのである。

そんななか、シュタイナー学校でクラスメイトだったパトリックがギムナジウムをやめ、シュタイナー学校の高等部に転校した。チェコ軍の学校に行こうと、ヒラクのことを誘った生徒である。「人とのコミュニケーションがうまくできないんだ。そのせいで成績も悪くって」と、転校した理由をヒラクに打ち明ける。一年生の半ばのことだったから、よほど合わないと感じたのだろう。次いで二年生への進級を前にした夏休み、工業高校に進んだクバがシュタイナー学校に出戻るとの噂が流れた。

「どうも先生とうまくいっていないらしい」

結局クバはそのまま工業高校にとどまったが、ほかにも予備軍がいて、いつだれがシュタイナー学校に移ってもおかしくない状態だ。ヒラクは自分でギムナジウムを選び、親としてはなんの口も挟まなかったが、シュタイナー学校の高等部に進んでいたほうがよかったのかもしれないと思うことがある。伸び伸びとしているし、成績に振り回されることもない。いまからでもシュタイナー学校に転校したほうがよいのではないか、なにげなくヒラクに聞いたことがあるが、「ギムナジウムのままでいい」と言うばかりである。いずれにしてもその気になれば戻れる学校がある。卒業生にとって、シュタイナー学校はやはり心の拠り所なのだろう。

ツドイの担任ヤナ先生は「ツドイはシュタイナー学校を続けたほうがいいのではないか」と三者面談のときにアドバイスしていた。しかし、受験を目前に控えるツドイはずいぶん迷っているようだ。このままクラスメイトと高等部に進むのもいいが、英語やフランス語で授業をする学校や美術学校にも魅力を感じている。ただヒラクのように勉強に追われることだけは避けたいようだ。

❖親が学ぶこと

父母会に出席することはけっして楽しいことばかりではない。出かけるとき、足が重たくなることもある。とくに前回の父母会で厄介な問題についての話し合いが行なわれ、教室が重たい空気に包まれたときはどうしてもそう感じてしまう。針のむしろに座っているような気分になるからだ。それでも行かなかったのは数えるほどしかない。日本に帰っていて、どうしても出られなかったのである。

バザーやアカデミーなど、学校の行事にもできるだけ顔を出し、手伝えることは手伝ってきた。こうして学校とかかわりながら、シュタイナー学校というのは実は教師と親のための学校ではないかと感じることがある。学校で学ぶ子どもたちを鏡にして、教師も親も学んでいく。子どもたちばかりではなく、親もまたこの学校に〝入学〟するのだ。それはシュタイナー教育というものが、学校や教師からなにかを一方的に与えられるものではなく、学校という場で教師と親と子どもが一体となってつくっていくものだからなのだろう。ただ単に子どもが勉強をするために通う場ではないのだ。

大人はだれしも子どもに対し、こうあってほしいという願望を持っている。教師も親もそれは変わらない。素直な子ども、勉強がよくできる子ども、運動がよくできる子ども、協調性のある子どもなどといった理想像に重ね合わせ、そのようになるように諭し、叱り、ほめながら導こうとする。社会もまた模範的な子ども像を描き出す。その子ども像は時代時代によって変わり、国の教育方針に反映される。ぼくら夫婦にしても、ヒラクとツドイには、素直なまま自由に伸び伸びと育ってほしいと願いながらも、その願い自体が子どもとしての理想像となっていたきらいがある。理想像からずれると、親としてつい叱ってしまうわけだ。子どもたちは反発しながらも親の期待になんとか応えようとする。少しでも「よい子」になろうとしながら、大人になっていく。そして、大人になっても「よい子」の呪縛からはなかなか逃れることはできないのである。それはシュタイナー学校の子どもたちにしても変わりはない。シュタイナー学校に入学したこと自体、親の子どもに対するなにがしかの理想像があったからだろう。

シュタイナー学校で学びながら、子どもたちはゆっくり大人になっていく。それはシュタイナー学校が子どもの年齢に合わせた教育をしようとするからだろう。シュタイナー学校で学ぶ子どもたちは、普通の学校の子どもに比べ、幼い印象を与えるかもしれない。子どもらしい子どもだといってもいい。子どもを通じて、大人だと思っていた親もまた、自分の内にある〝子ども〟に気がついていく。子どもにこうあってほしいと思ったり、なにかを期待してしまうことも大人の内にある子どものなせることかもしれない。たいていの場合、親が自分では果たせなかった夢や希望を子どもに託しているだけだからである。自発的な子どもを育てるには、親が持っている理想像を捨てなければならないだろう。それは大人の内にある〝子ども〟との訣別であり、その〝子ども〟を〝大人〟にさせることでもある。その意味で、シュタイナー教育で問われているのは学校で学ぶ子どもよりも、大人にあるといっていいだろう。こうしてシュタイナー学校で子どもが学ぶことで、子どもばかりではなく、大人も〝大人〟になっていくのである。ぼく自身、子どもがシュタイナー学校に通いながら、親として、大人として、人間として、少しずつ成長していくのを感じてきた。

❖日本を離れて、自ら歩きはじめた

学校に行くたびに、ほのかなぬくもりと溢れるばかりの光を感じてきた。大きな窓から明るい光が教室に差し込み、先生の灯したろうそくが光を揺らめかす。はじめはそのせいだとばかり思っていた。しかし、いつしかその光は子どもたちの目の輝きだと気がついた。まばゆいほどの光を放つ、澄んだ瞳がそこにはあった。ぬくもりは先生の愛情だった。深い愛情はときに厳しさとなって立ち現れる。

ガキ大将のボイタ、はにかみ屋のオンドラー、おしゃまなヨゼフィーナ、甘えん坊のカロリーナ。ツドイのクラスメイトはみんな純朴で、それでいて十人十色の個性がある。九年生になって急に大人びたヒラクのクラスメイトも、負けず劣らず強い個性の持ち主たちだ。話し出したらとまらないヤーヒム、強面だが思いやりが強いヤコブ、おしゃれな秀才クリシュトフ。

そんなクラスメイトに囲まれ、ヒラクとツドイはずいぶん変わった。他人のことを気にしたり、だれかと比べたりしなくなったのである。「私は私」であればそれでよいと知った。無理をすることはない。二人は見失いかけていた本来の自分をいつの間にか取り戻していた。ヒラクとツドイが通いはじめるまで、シュタイナー学校とはいったいどのような学校で、どのように授業をするのか、想像もつかなかった。しかし、実際のシュタイナー学校は、思っていたよりもいたってごく普通の学校だった。特別な学校に通っているという意識は二人にはないようだ。日本の学校での体験と比べ、「クラスメイト一人ひとりが個性的で、そしていろいろなことが自由」だとヒラクは言う。エポックなど、シュタイナー教育独自のメソッドにも違和感をとくに抱かず、自然と受け入れていた。教え方が理に

すっかり大きく成長したクラスメイトに囲まれるツドイ

かなっているからだろう。

シュタイナー学校を卒業したヒラクに、学校のことを尋ねても、いつも返ってくるのはあやふやなことばかりだった。毎日授業についていくだけで精いっぱいで、まわりを見渡す余裕などなかったのだろう。最初はそう思った。しかし、家に遊びに来たクラスメイトたちに尋ねても、どうもみんな似たようなものなのである。

「どんな勉強をしたのか、なにを学んだのか、ほとんどなにも覚えてはいません。ただ、大きなリュックサックを背負って山の中をみんなで歩いたり、校庭でフリスビーをやったことは、つい昨日のことのようです。そんなことはまったく本質的なことではないとは思いますが、こうしてぼくらは人生にとって大切なものをプラハのシュタイナー学校で学んだのです」とヤーヒムが言うと、ヒラクもクリシュトフもうなずいていた。

ときどきプラハに来たばかりのころの日々を思

い出す。ちょうど春のことだった。日差しがだんだん暖かくなり、野には花が咲き乱れた。そんななか、はじめてシュタイナー学校に家族そろって出かけ、入学することになった。いまでは当たり前のような顔をして話しているチェコ語も、当初まったくわからず、日本とはちがう環境で戸惑うことばかりだったはずだ。それでもくじけることも、めげることもなくやってこられた。それもこれも担任の先生やクラスメイト、ぼくらが暮らした村の素朴な人たち、日本の祖父母や友だちの温かい支えがあってこそである。

こうして日本を離れてプラハのシュタイナー学校で学び、外国で教育を受けたことが二人の今後にどう影響していくのか、正直、よくわからない。プラハでの暮らしを通じて家族を再生しようとしてきたことが効を奏したのかどうかも、本当のところはわからない。ひとつだけはっきりしていることがあるとすれば、日本を離れた二人は多くの人たちに支えられながらも、いつしか自分の足でしっかり立ち、そして歩きはじめているということだ。ぼくら夫婦が日本を離れてまで子どもたちに教えたかったのは、そんな自律した人であろうとすることなのである。

あとがき

二〇〇九年七月、夏休みがはじまるとすぐ、ヒラクとツドイは二人だけで日本に帰省した。二〇〇六年に日本を離れて以来、実に三年ぶりのことになる。途中、パリで飛行機を乗り換えるなど、いくつかの難関がある。暴風雨で飛行機が欠航になる大騒動もあった。どうなることかと心配したが、二人で協力し合い、なんとか無事に行って帰ってくることができた。ツドイの報告によれば、外国ではツドイのほうが、日本ではヒラクのほうがしっかりしていたのだそうだ。

おばあちゃんの家に寝泊まりしながら、二人は幼いころから過ごした街を歩き、かつて通った学校を訪ね、友だちに会った。再会した友だちとおしゃべりをし、プリクラを撮り、ゲームをして遊んだ。ツドイの同級生たちはそのとき中学校三年生。高校受験を目前に控え、みんな忙しそうだった。塾に英検、習い事。せっかく久しぶりに会うというのに、五分と一緒にいられない友だちもいた。シュタイナー学校でのんびり過ごしているプラハでの生活に比べ、あまりに対照的だった。どの高校を受けるかで、友だちはみんな頭がいっぱいだった。高校までエスカレーターで進める私立中学に通う友だちも、よりよい高校を志望している様子だった。「ツドイはどうするの？」と話を振られても、どう答えてよいのか戸惑った。シュタイナー学校では一学年下げていたので、高校受験はまだ先の話だった。

チェコの友だちとの話題は、もっぱら「将来なにになりたいか」だった。ツドイはパン屋になって、おいしいパンをみんなに食べさせたいと言っている。彫刻家と陶芸家の両親をもつミリアンはアーティスト志向で、ヨゼフィーナはファッション関係に進みたいと考えている。同世代の日本人からすると、少し子どもっぽい夢に映るかもしれない。しかし、ヨゼフィーナは将来ファッションの本場イタリアで仕事ができるよう、イタリア語の勉強をしている。劇団にも入った。ミリアンは写真の学校に通い、自宅で白黒写真の現像をはじめた。夢を見るだけではなく、こうしてやるべきことはちゃんとやっているわけだ。

ヒラクのクラスメイトは高校二年生になっていた。三年のあいだにみんなすっかり変わった様子だった。大学をめざし、勉強ばかりしている友だちがいた。部屋にファッション雑誌が山積みになっている友だちは、ガールフレンドに夢中だった。プロ野球の選手になる夢を一緒に見ながら練習に励んだ友だちは、高校に進んでも野球を続けた。しかし、練習のやりすぎで肩を壊し、挫折を余儀なくされていた。

友だちとの再会を果たしながら、ヒラクはいろいろなことを感じ、考えさせられたようだ。とくにかつての野球少年のことは、プラハに帰ってからも、何度となく話題にした。「学校に行っていないようなんだ」とずいぶん心配していた。あのまま野球に打ち込んでいたら、自分もそうなっていたかもしれないとの当惑が入り交じったのだろう。日本で一緒に学んだクラスメイトたちはなんだか地に足がつかず、ふわふわ漂っているようにヒラクの目には映っていた。

ヒラクにとっても、ツドイにとっても、久しぶりの日本は少しばかりしょっぱい思い出を残していた。外からの目線で日本を見て、そのよさを再確認しつつ、チェコのよさにもあらためて気がつかされた。プラハに戻ってからしばらくの間、二人は魂を抜かれたかのように、ぼおっと過ごしていた。

大学進学を控えるヒラクに対し、日本の大学に進んだほうがよいのではないかと勧める人がいる。フィンランドの大学がいいと言う人もいる。ヒラク自身はイギリスの大学で学びたいと言ったかと思ったら、やはり日本の大学に行きたいと言いはじめた。ツドイはツドイでイギリス系かフランス系の高校に行きたいと夢をふくらませている。新たな世界を求め、二人が羽ばたいていく日も近いのかもしれない。

ぼくは子どものころから「いい大学に入学し、いい会社に就職する」と周囲の人びとに言い聞かされて育った。目の前には一本のレールが見えている気がしていた。そんなものは幻にすぎなかったのかもしれないが、みんながその幻を追いかけていた。

いつしかなかなか先の見通せない時代になった。そんななか、ぼくら四人の家族が日本を離れ、プラハの街で一緒に暮らした日々は、かけがえのないものだったはずだ。ヒラクとツドイの二人がプラハのシュタイナー学校で学んだことは、これから先、きっと生きる支えになっていくことだろう。個性的なクラスメイトたちがこれからどのようになっていくのか、みんなの行く末がとても楽しみだ。

この本はいくつかの連載をもとに、全面的に書き直したものである。『Ｍｅｍｏ　男の部屋』（ワールドフォトプレス）に連載した「ハウスハズバンド日記」、『新潟日報』に連載した「父と娘のどたばた滞在記　ちぇこっとプラハ」（二〇〇七年四月九日～二〇〇九年三月二四日）、『中日新聞』『東京新聞』に連載した「プラハのシュタイナー学校　現地からの報告」（二〇〇八年八月七日～九月二六日）である。

担当してくださった編集者の方々一人ひとりの顔が思い浮かぶ。なかでも長年お世話になった中日新聞の足立宜敬さんのお名前は記しておきたい。ときどき連絡をいただいては、なにか書きたいことはないかと声をかけてくれた。ちょうどプラハに行く前にも連絡があり、将来シュタイナー学校をテーマにした記事を書きたいと漠然としたプランを話した。急逝された足立さんがデスクに残したメモが、連載を実現するきっかけとなった。

その連載記事に目をとめ、連絡をくれたのが白水社の阿部唯史さんだった。以来、何度もやりとりを重ねながら、少しずつ本としてのかたちを整えていった。フランス文学を学んだぼくにとって親しみ深い白水社から出版されるこの一冊の本は、こうしていくつもの出会いと別れから生まれたのである。

みなさん、どうもありがとうございます。

二〇一〇年五月　プラハにて

増田幸弘

著者紹介
増田幸弘（ますだ・ゆきひろ）
フリー編集者。一九六三年東京生まれ。早稲田大学第一文学部卒業。
チェコを拠点にヨーロッパ各地を取材。二〇〇六年からプラハ在住。国内外の新聞・雑誌に記事やコラムを寄稿している。
主な著書に、中西昭雄編『ルポルタージュ　よい野菜全国91産地を歩く』（共著、日本経済新聞社）、『プラハカフカの生きた街』（パルコ出版）、川成洋編『世界の古書店』『世界の古書店Ⅱ』（共著、丸善ライブラリー）、川成洋・坂東省次編『バルセロナ散策』（共著、行路社）、『日本地理おもしろ雑学』（日東書院）などがある。

プラハのシュタイナー学校

二〇一〇年　六　月三〇日　第一刷発行
二〇一一年　三　月一〇日　第二刷発行

著　者 © 増　田　幸　弘
発行者　及　川　直　志
印刷所　株式会社　理　想　社
発行所　株式会社　白　水　社
東京都千代田区神田小川町三の二四
電話　営業部〇三（三二九一）七八一一
　　　編集部〇三（三二九一）七八二一
振替　〇〇一九〇-五-三三二二八
郵便番号　一〇一-〇〇五二
http://www.hakusuisha.co.jp
乱丁・落丁本は、送料小社負担にてお取り替えいたします。

松岳社 株式会社 青木製本所

ISBN978-4-560-08065-8

Printed in Japan

白水uブックス

千野栄一
ビールと古本のプラハ
百塔の町といわれる古都プラハは、芸術の都としても知られ、ビアホール、カフェ、そして古本屋の文化が花開いた。この町に学び、この町と人を知悉し、愛する著者がその魅力を描く。

須賀敦子
ミラノ 霧の風景
イタリアで暮らした遠い日々を追想し、人、町、文学とのふれあいと、言葉にならぬため息をつづる追憶のエッセイ。講談社エッセイ賞、女流文学賞受賞。解説・大庭みな子

沼野充義
屋根の上のバイリンガル
ロシア・ポーランド文学専攻でありながらハーバード大学で博士課程を送った著者がユーモアたっぷりにつづるバイリンガルたちの実態。外国語を学ぶ勇気がわいてくる面白エッセイ集。

堀江敏幸
郊外へ
パリを一歩離れるといつも新しい発見があった。郊外を愛した写真家や作家に寄り添いながら、ときに幸福な夢想に身をゆだね、ときに苦い思索にふける。芥川賞作家鮮烈のデビュー作。

中嶋浩郎
中嶋しのぶ
素顔のフィレンツェ案内
フィレンツェの街の年中行事や歴史を語ると同時に、一般のガイドブックに載っていない興味深い場所を訪ね、フィレンツェの街とそこに暮らす人々の素顔の表情を紹介する。